21歳が見たフクシマとヒロシマ

神戸女学院大学
石川康宏ゼミナール

新日本出版社

目次

第3章　原発と原爆の関係を考える　石川康宏　105

第4章　あの場に行ったからこそ見えたこと〈ゼミ生座談会〉　127

第1章　知らなかった福島の「今」

原発事故から三年半近くがたった二〇一四年九月に、私たちはゼミの取り組みで、福島県の川内村《かわうちむら》、浪江町《なみえまち》、相馬市、南相馬市、福島市などを訪れました。事前にかなりの準備をしていたにもかかわらず、見るもの、聞くものすべてが驚きといっていいほどでした。

事実をきちんと知ることの大切さ、その事実を土台において、福島に暮らす人、福島に愛着をもつたくさんの人に関心を持ち続けることが大切だと思っています。ここでは、私たちが福島で学び、考えたことを、まずは総論的に、続いていくつかのトピックごとにまとめてみたいと思います。

〔1〕大切なのは事実を知ること

改善もあれば、厳しいところも

二〇一一年三月一一日、東日本大震災の中で福島第一原発が大きな事故を起こし、福島県をはじめ、広い地域に深刻な被害をもたらしました。その被害の状況が、今どうなっているのかを、私たちは、どれくらい正確に知っているでしょう。私たちが暮らす神戸や大阪のあたりであれば、「福島産の野菜や魚は食べられない」「福島県に住んでいると放射線で病気になってしまう」とか、反対に「事故はもう終わったんでしょ」「みんな普通に暮らしているんじゃないの」なんて思っている人も少なくないかも知れません。実際、私たちの中にも、このゼミで学ぶまでは、そんなふうに思っていた人がいましたから。

事故から時間がたち、私たちが見て、学んだ限りでいえば、汚染の状況はそれなりに改善されてきています。それによって安全に暮らすことのできる範囲は次第に広がり、産業の復興も進んでいます。しかし、改善されたとはいえ、まだ暮らすことのできない場所も少なからずあり、再建にはほど遠い生活に苦労している人もたくさんいます。現瞬間の状況のそうした多様さと、この数年間の変化の方向の両方を大きくとらえることが、大切になっていると思っています。

改善が目に見えることの一つは、一時期、まったく作業ができなくなった土地の農業や、操業自粛に追い込まれた漁業が、着実に復活への道を進んでいることだと思います。福島には、もともと放射線の影響がなかった地域や産品にも、「福島産」というだけで農産物や魚介類、果物などが買ってもらえなくなる「風評被害」があります。ここでお伝えしたいのは、行政や協同組合、生産者によるしっかりとした安全管理が知られるようになり、この「風評被害」が次第に減っているということだけではありません。

それだけでなく、放射性物質によって汚染された農地でも、作物の安全を守りながら、農業を再開する可能性が生み出され、福島県沖の漁場からも、安心して食べられる魚介がたくさん捕れるようになっているということです。魚は東京の築地市場にも、すでに出荷されているということでした。後でも紹介しますが、そこには復興に向けたたくさんの人の努力があります。

反対に、まだまだ厳しいなと思わされたことの典型は、なんといっても一一万人以上(二〇一五年六月)もの方が、今も家にもどることのできない避難生活をつづけているということです。まだ放射線量が高くて帰ることができなかったり、福島第一原発の安全性が今も保障されないため、怖くて帰る気になれなかったり。仮設住宅は、今もたくさん目につきますし、「きれいな道路や建物があるのに人がいない」、そういう空っぽの街を目の当たりにすると、なんともいえないショックを受けます。

どちらも、現にある福島の実際の姿です。「もう大丈夫」とか、「まだまだ全然だめ」などと一色に単純化するのでなく、ありのままに、同時に存在する様々な側面をあるがままに——しかも、それらを自然の変化や人々の努力による変化の中に位置づけて——正確にとらえることが必要なんだと思います。

福島県は広いのです

福島にいろいろな側面があるという時に、大前提として知っておかねばならないのは、福島が全国の都道府県で三番目という、とても大きな県だということです。その面積は、香川県、大阪府、東京都、沖縄県、神奈川県、佐賀県の合計よりも広いのです。その結果、当然のことですが、県の西と東、北と南では、地震や津波、原発事故の影響もずいぶん変わってきます。

福島県は南北につらなる山地によって、太平洋に面した海側から「浜通り」、「中通り」、「会津」という大きく三つの地域に分けられています。「中通り」にある福島市には、私たちの大学がある兵庫県西宮市と何も変わらない、普通の暮らしがありました。しかし、東の「浜通り」に向けて山に入ると、今も全員が避難をつづけている飯舘村《いいたてむら》があり、その先にも被害の大きな地域が広がります。反対に、内陸の西に向かうと「会津」ですが、ここは震災・災害の被害がはるかに小さく、問題の中心はむしろ、農作物が売れなくなるなどの「風評被害」でした。さいわいにして、一時期大きく減った観光客の数は、大河ドラマ「八重の桜」の効果もあって、今は震災前より多くなっているそうです。

私たちの一年上の先輩たちは、二〇一三年九月に福島を訪れた時、福島空港から、空港バスとＪＲを乗り継いで、福島大学でお昼を食べるまで、「マスクをしている人を一人も見かけなかった」ことに驚いた、大学のグラウンドでたくさんの学生が陸上競技などに汗を流していることに驚いたといっていました。それは福島県にはどこでも、「同じような被災」があるという思い込みにもとづくものだったのでしょう。

くわえて、福島の原発事故による被災がいろいろであることを理解するには、放射性物質による地域の汚染が、かなり「まだら」だということも知っておかねばなりません。「汚染は同心円状に広がったわけではない」ということは、私たちも、知識としては、よく知っていることでした。しかし、福島第一原発の排気塔が肉眼で見える浪江町の請戸《うけど》小学校周辺に立った時、その周辺の線量が、福島市内とそう変わらないことには、なんとも不思議な思いをもちました。やはり原発から「近いか、遠いか」ということに、認識がしばられていたのですね。

時間がたって下がってきた線量

もう一つ、大切なことは、それぞれの状況が、時間を追って変化しているということです。それは状況の改善に向けた人々の努力による変化もあれば、放射性物質そのものがもつ「変化する性質」によるところもあります。たとえば、福島第一原発の事故で拡散された放射性物質の多くは、ヨウ素131、セシウム134、セシウム137でしたが、それぞれの半減期は、ヨウ素131が八日間、セシウム134が二年間、セシウム137が三〇年間です。つまり、

津波・地震の被害も大きかった浪江町の請戸小学校

これだけの時間がたてば、最初にあった放射性物質の半分が、放射線を出すことを終えるのです。

たとえばヨウ素131は、八日たつと、放射線を出す原子の数は半分になります。最初から一六日たつと、さらに半分になって四分の一になります。同じように二四日たつと八分の一、三二日たつと一六分の一、四〇日で三二分の一、四八日で六四分の一、五六日で一二八分の一と、二カ月足らずで一〇〇分の一以下に減ってしまいます。これは放射性物質自身がもっている自然な性質で、人が除染をするかしないかとはまったく無関係に、自然に必ず起こる変化です。原発の爆発によってまき散らされたヨウ素131の現実的な影響は、その後四年の時をへて、すでに完全になくなっているといっていいでしょう。

セシウム134は、二年で二分の一になり、四年で四分の一になっています。二〇一五年初夏の現在では、これについても、放射線を出す原子の数は、当初の四分の一以下に減っているということです。もちろん四分の一になっても、最初に降り注いだ原子の数が多く、汚染の度合いが高ければ、それに応じて、まだ線量が高い地域はあるわけですが、それでも、今日では、残るやっかいな相手の主力は、セシウム137（半減期は約三〇年）に次第にしぼられるようになってきています。

帰町に向けた取り組み、町を残す活動

私たちが訪れた浪江町は、福島第一原発の北西に広がり、町民全員が避難指示を受けた町としては最大です。事故当時の人口はおよそ二万一〇〇〇人でした。事故後、役場は二本松市に移動し、二〇一五年三月時点でも、一万四六〇〇人が県内で、六四〇〇人が県外で避難生活を送っています。町の内陸部は、多くがいまも「帰還困難区域」に指定されていますが、海沿いは「避難指示解除準備区域」に指定され、その中間部分が「居住制限区域」に指定されています。

まだ、誰も町内で寝泊まりすることは許されていませんが、「避難指示解除準備区域」に指

定されたのは、もともと、いちばん人口の多かった地域です。この地域を中心に、町は二〇一七年春の帰町開始を展望して、道路や上下水道の修復、ゴミの焼却所の建設、農業の再生などに力を入れ、仕事起こしを含む復興の計画を進めています。これらの作業のために、役場の一部は、被災を免れた浪江町役場にすでにもどっています。

町は震災の年の七月に、印刷屋さんも再開していない中で、あちこちの避難先にいる浪江町民の心とくらしを交流するために、「浪江のこころ通信」の発行を始めました。不安の中にある人々の絆《きずな》を大切にする取り組みで、これは今も続けられています。

二〇一三年に愛知県の豊川市で行われた「B―1グランプリ」では、「なみえ焼そば」が、見事一位に輝きました。正式名称を「ご当地グルメでまちおこしの祭典！　B―1グランプリ」というこの企画は、その名のとおり、単なるB級グルメの競争ではなく、地域ごとの「まちおこし」を励まし合う全国共同の取り組みです。

「なみえ焼そば」は、もともと震災前から浪江町商工会の青年部を中心にPRされてきたものですが、被災後も青年部や役場のみなさんが、被災の実態を全国に知らせる取り組みとも結んでチャレンジしてきたのでした。グランプリの獲得に、会場の拍手がしばらく鳴りやまなかったそうですが、そこには、全国から集まった人々の連帯の気持ちが感じられます。

しかし、一位になった後で、「でも、僕たちにはおこす町がないんだよな」と青年部のある方が言ったそうです。私たちに話をしてくださった福島大学の丹波史紀先生は、「だから彼らは、なみえ焼そばを通じて、町を残す活動をしているんです。おこす町は、今はないかもしれないけど、なみえ焼そばの活動自体が町の人々のよりどころになっているんです」と語ってくれました。

帰村者が約半数の川内村では

私たちは川内村も訪問しました。ここは、福島第一原発からは南西側に位置しており、浪江町に比べれば、放射性物質による汚染は少なかったのですが、とはいえ、一時は全村避難の指示を受けた村です。

二〇一二年一月という早い時期に、村長が先頭に立って「帰村宣言」をしたことで有名ですが、私たちが訪問した翌月の一四年一〇月には、少しだけ残っていた「避難指示解除準備区域」の指定も解除されました。その中で、村は帰村のとりくみを進めています。私たちが訪れた時には、およそ半分の方がもどってきているということでした。除染の取り組みも大規模に進められています。

しかし、乗り越えていかねばならない課題もあります。一つは、放射線への不安の問題です。それは、やはり、小さな子どもをかかえる若い世代の側に強いようでした。村に帰っている方には、年配の方が多いということです。

二つは、働く場所が十分にないという問題です。村民全員が一斉に帰るなら、多くの仕事が以前と同じように必要とされるのでしょう。しかし、今は小さな商店の経営も大変です。村には二軒のコンビニがあったそうですが、震災によって、いずれも経営が成り立たなくなり、その後、新たに誘致した一軒だけのコンビニは、土地代や家賃など村からの助成を受けて成り立っているとのことでした。

他方、そういう問題がある中で、あえて村に工場を建てる企業も生まれています。大阪に本社のある「コドモエナジー」という会社でした。暗くなると電気がなくても発光する、ルナウェアという素材を生産しており、まだ数人ですが村の住民を雇用しています。

工場を案内してくれた方は、「事務職に若い女性を探しているけど、なかなか応募者がありません。でも、こうやって少しずつ仕事の機会が広がってくれれば」と、今後への期待を込めて話をしてくれました。

この工場についても、村との協力がいろいろあるとのことでしたが、被災地の経済・生活基盤の再生に、民間企業が社会的役割を果たそうとする一つの試みとして注目すべきことだと思います。

相双地域は年一ミリシーベルト以上が四二パーセント

このように全町避難、全村避難という深刻な被害を受けた浪江町や川内村でも、一歩一歩の復旧と復興が進められています。もちろん、浪江町の馬場町長が、「復旧がスタートラインについたと感じている」（福島民報二〇一五年三月一日付）と語るように、まだまだ課題はたくさん残っています。しかし、自治体職員や住民の大変な努力によって、どちらの町にも着実な前進が見える気がしました。

なお、これは私たちの一年先輩たちが『女子大生　原発被災地ふくしまを行く』（二〇一四年、かもがわ出版）でも語っていたことですが、むしろ問題は、そういう現場の努力を政府が十分にサポートできていないことではないのか、さらにその背景にはこの問題に国民が十分な関心をもっていないことがあるのではないのかとも思えました。

浪江町や川内村を含む「双葉地区」と、さらに私たちが訪れた「相馬地区」をあわせて「相双地域」と呼びますが、福島県の「浜通り」のいわば北半分にあたるこの地域が、一番被害の大きかった地域になります。この相双地域を全体としてみれば、避難指示の続く地域もまだ多く、避難者も、二〇一五年六月現在で一一万六九五人に達しています。

事故などのない普通の生活状態で、一般市民が被曝《ひばく》する限度だと国際的に勧告されているのは、年に一ミリシーベルトですが、それを超える線量の地域が、まだ相双地域の四二パーセントを占めるとされています（朝日新聞二〇一五年三月一二日付）。

政府が決める避難指示区域は、現在、「帰還困難区域」「居住制限区域」「避難指示解除準備区域」に分けられており、これらの地域の除染は国が分担していますが、これがどれだけていねいに、早く進められるかが状況を変える大きなカギとなっています。また、避難を強制された人たちの生活や健康をどう保障していくかは最大の課題ですが、その点にかかわっては、事故の損害賠償がスムーズに進んでいないことへの東京電力と政府の責任は重大です。

県全体では一ミリシーベルト未満が八八パーセント

相双地域以外の場所でも、放射性物質による汚染がなかったわけではありません。したがって、放射線に対する不安があるのは当然です。これについては住民が自分たちの生活の状況と展望を正確に判断するための情報提供が大切です。また継続的な健康調査の実施が大切です。

事故から四年後の時点で実際の放射線量は、次第に低下してきています。国と県が県内約三六〇〇地点で測定している放射線量は、たとえば福島県の一番内陸になる「会津地方」や「南会津」では、先ほどの「年間一ミリシーベルト」に当たる「毎時〇・二三マイクロシーベルト」未満の地域が、すでに一〇〇パーセントになっています。同じ条件の地域が、「いわき地方」で九九パーセント、福島市を含む「県北」で八九パーセント、郡山市を含む「県中」で九六パーセント、「県南」で九八パーセントになっており、県全体でも八八パーセントが、毎時〇・二三マイクロシーベルトを下回るようになっています（前掲朝日新聞）。

放射線量だけの面を見れば、これらの地域には、復興を加速させる条件は十分整っており、あとは福島産の食べ物に対する「風評被害」など、誤った情報の修正をふくめ、政府をはじめとする行政による復興政策のあり方が、ますます重要になっていくと思います。

事故の収束が安心の土台

なお、避難生活を送る人たちが、帰村・帰町に迷う大きな理由の一つに、福島第一原発の事故が、本当に終わったとはいえないことへの不安があります。それは、漁業の再建に努力する漁師さんたちからも聞かれたことでした。福島第一原発の現場では、放射性物質を大量にふくむ汚染水がどんどん増えており、その処理の見通しは立っていません。メルトダウンした核燃料を処分し、原発を廃炉に導く展望も描けていません。そこで、「もう一度、大きな事故があって、もう一度避難なんてことになったらやりきれないから」というような声も出てくるわけです。

関連して、そういう状況にもかかわらず、政府は、原発を今後も「重要なベースロード電源」と位置づけ（二〇一四年四月のエネルギー基本計画）、今、全国で止まっている原発の再稼動を進めようとしています。そのような姿勢で、はたして福島の事故の収束に、真剣に取り組むことができるのだろうかと思えてきます。そういう不安や不信を、実際の行動によって払拭することが、政府の重要な役割なのではないでしょうか。

以下、避難生活、除染、賠償、健康と子どもの生活、農業・漁業など食の問題、原発事故の収束について、それぞれトピックごとに見ていきます。

〔2〕避難地域と避難者の状態

一一万人以上が今も避難生活を

先にもふれましたが、避難生活を送っている人は、いわゆる「自主避難」の人も含めて、二〇一五年六月時点で一一万六九五人となっています。うち県内での避難者は六万五三〇〇人、県外への避難者は四万五三九五人。これらのうち自主避難者は約二万五〇〇〇人と、福島県は見ています。

この数は、一年前より約一万七〇〇〇人減っており、ピーク時の二〇一二年六月より約五万三〇〇〇人少なくなっています。

しかし、避難指示が続く町や地域は、相双地域に残っていますし、県全体で見ても、「普段の生活で放射線を意識していますか」との問いに、意識していると回答した県民は、五三・五パーセントに達しています（二〇一五年三月、福島民報と福島テレビの県民世論調査）。避難指示を受けた人以外にも、放射線への不安を感じている人はたくさんおり、それが避難者数の多さにつながっているということでしょう。

現在、避難地域は、その場の放射線量によって、「帰還困難区域」（年間の追加被曝線量が五〇ミリシーベルト以上）、「居住制限区域」（同二〇～五〇ミリシーベルト）、「避難指示解除準備区域」（同一～二〇ミリシーベルト）に分けられています。左の図を見ていただければわかるように、これはかなり広域にわたっています。「追加被曝線量」というのは、自然放射線や医療によるものを除いた、放射線の被曝量のことです。

避難地域外でも、放射線に対する住民の不安は広くあります。私たちが訪ねた南相馬市にあるファミリーレストラン「Coco's」では、一時期「時給一三〇〇円」の求人広告が出ました。かなり高い時給ですが、それでもなかなか応募者がなかったそうです。多くの住民が避難し、特にファミレスのアルバイトやパートに応募するような若い人たちが、戻ってきていないからだろうとのことでした。そのとなりの「マクドナルド」は経営が成り立たないのでしょうか、

避難指示区域の概念図

2014年10月1日時点

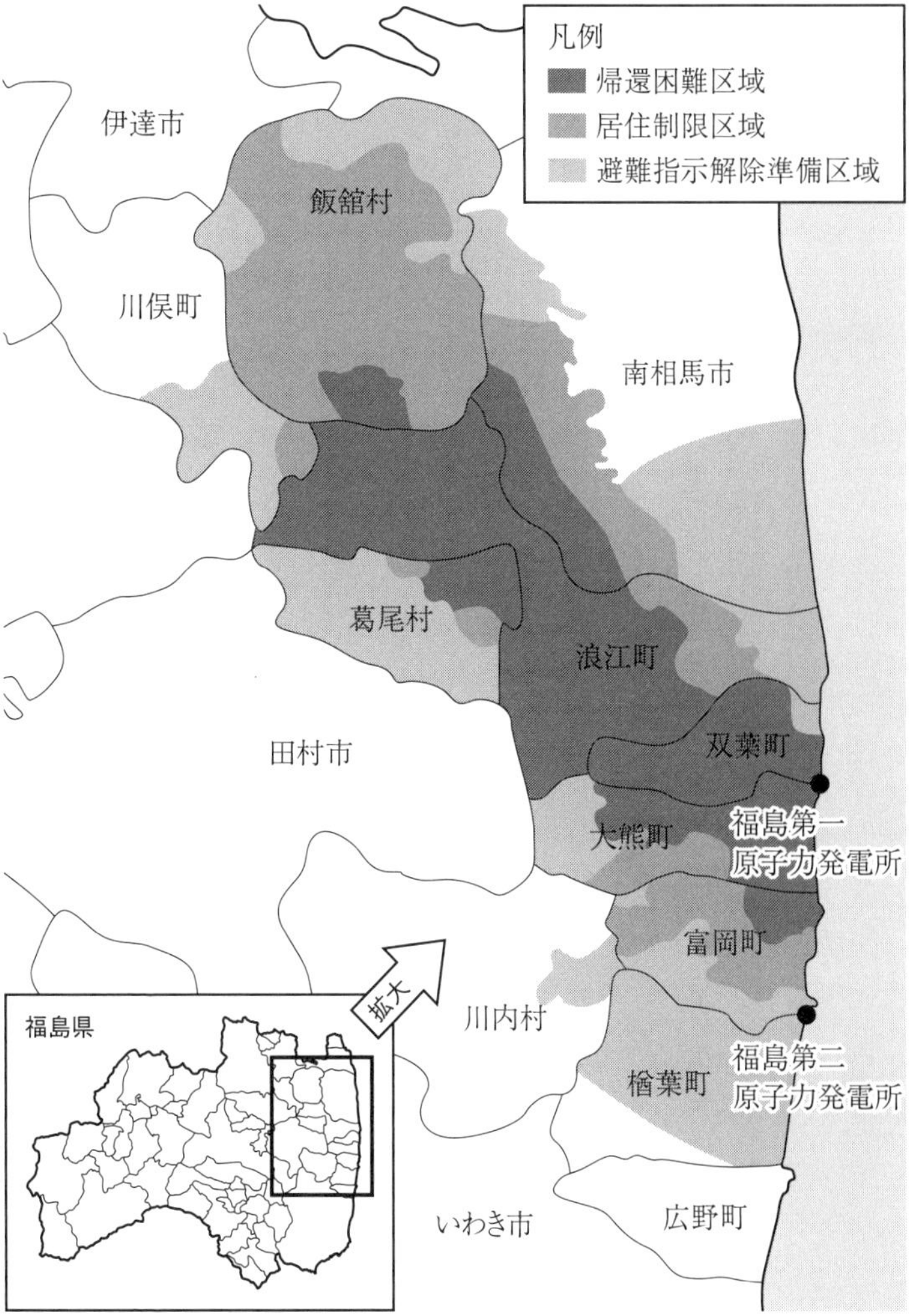

閉店したままになっていました。

震災(原発事故)関連死が年二〇〇人以上

仮設住宅は福島県内に一万六八〇〇戸あり、入居戸数は一万一二五六戸となっています(二〇一五年五月)。民間の賃貸住宅を福島県など行政が借り、これを一定の賃料で入居希望の被災者に貸し出す借上げ住宅の入居戸数は一万七〇五〇戸となっています。災害救助法という法律で、仮設住宅の入居期間は、原則二年以内となっていますが、その二倍にもなる長期の入居を余儀なくされています。大きな理由は、仮設住宅に替わって建設するとされた災害公営住宅が、二〇一五年三月初めまでに、わずか二六一戸しか完成していないからです。遅れの大きな理由は、建設作業員の不足や用地のめどが立たないからなどとされています。

避難されている方の苦労は、私たちの想像を超えるものでした。震災・原発事故から半年たった二〇一一年九~一〇月に福島大学災害復興研究所が行った「双葉地方の住民を対象とした災害復興実態調査」(回答一万三六三〇人)によると、その半年の間に避難場所を変えた回数の平均は四・〇回もあり、七回以上という人が七パーセントもいました。

親・子・孫と三世代で暮らしていた家族が、狭い借上げ住宅や、仮設住宅で別々に生活せざるを得なくなるなど、震災前に同居していた家族が別居するようになったケースは、なんと七

川内村にある仮設住宅

三・一パーセントに達しました。

仕事の面をみると、震災前の仕事の構成は、会社員三三パーセント、無職二八パーセント、自営業一五パーセント、パート・アルバイト九パーセント、公務員四パーセントとなっていましたが、震災後には、無職五四パーセント、会社員二〇パーセント、自営業四パーセント、パート・アルバイト四パーセント、公務員四パーセントへと大きく変わりました。無職の比率が二倍近くに増えており、自営業は四分の一に減っています。震災によって仕事を失い、経営を失った方がきわめて多いことを示しています。

「震災（原発事故）関連死」が増え続けていることも大問題です。原発事故から四年が経つ中、避難生活の長期化や、不自由な日常によるストレス、介護の不十分さなどの事情から、体調を崩したり自死したりして命を落とす震災関連死は、福島県だけで一八八四人（河北新報、二〇一五年三月現在）に達しており、震災・津波で亡くなった直接死の一六〇三人（行方不明者を除く）を上回るまでになっています。

これについては、浪江町の職員さんから「避難は新しい災害のはじまりです」「『避難できてよかった』と済ませてよい問題ではないのです」とうかがいましたが、現実は本当にそのとおりです。震災関連死は、二〇一四年三月一一日から一五年同期の一年に、二一三人も増えています。事態は現在進行中のことであり、今後もつづく可能性のあることです。

帰還をめぐる思い

先の福島大学の調査によると、避難生活者のおよそ四分の三の人が、条件が満たされれば戻りたいと答えています。その理由については、暮らしてきた町に愛着がある六九・六パーセント、先祖代々の土地・家・墓がある六四・七パーセント、地域の人たちと一緒に復興していきたい四五・二パーセント、地域での生活が気に入っている四二・六パーセント、見知らぬ土地、生活環境変化に不安三八・二パーセント、他の場所に移るあてがない三二・七パーセント、家族や他の町民が帰ると言っている一〇・五パーセントなどとなっています。

あわせて、それをどれくらい待つことができるかについては、一～二年以内三五パーセント、二～三年以内二二パーセント、いつまでも待つ一四パーセント、一年未満一二パーセント、三～五年以内一一パーセントとなっていました。

避難生活はすでに四年を超え、困難を抱えながらも、避難先で新しい生活に一定のめどをつけた人もあれば、帰還の可能性が開けてきたことに希望を見いだす人もいます。浪江町でうかがったお話では、二〇一三年から二〇一四年にかけて、避難指示の解除後も「戻らない」とする人が三七・五パーセントから五〇パーセント弱に増える一方で、「戻りたい」とする人も一八・八パーセントから二三パーセントに増えました。「戻らない」と回答した人には若い世代が多く、その理由としては、仕事がない、子育てに不安がある、原発事故が収束していないなどがあげられています。

〔3〕除染はどうなっている?

除染の廃棄物をどうするか

人間には、放射性物質がもっている放射能（放射線を出す能力）を弱めることはできません。

対応策としてできることの基本は、放射線が届かない場所に放射性物質を遠ざけることと、出てくる放射線を遮《さえぎ》るためにしっかりとした覆いをかけることだけです。

除染は、人の生活空間の放射線量を減らすための作業のことです。家の中、家のまわり、道路、学校や公園などの場所から、放射性物質を取り除き、地面に埋めて土などで覆う、あるいは遠くへ運び、専用の置き場で覆いをかけるなどして管理するといった作業です。山や森の中のように除染のしづらい場所もありますし、一度除染しても、雨風などで放射性物質がふたたび集まってくるということもあります。しかし、汚染された地域全体で除染作業を進めれば、日常の生活における放射線の被曝量は、確実に減らしていくことができます。

この作業を進める上で、大きな問題になるのは、放射性物質をふくんだ大量の土などをどこで管理するかということです。いまのところ、その場にシートなどで覆って保管している場所がおよそ八万六〇〇〇カ所、このほかに、これをまとめて保管するいわゆる「仮置き場」が八〇〇カ所ほどつくられています。

私たちは、川内村でかなり大規模な仮置き場を見学させてもらいました。仮置き場は、人が住んでいる地域から十分離れた場所につくられており、人や動物が誤って入ることがないよう、まわりに柵が設けられていました。土地は多くが私有地で、それを村が借り受けているそうです。

除染された土などは、フレコンバッグや土のうなどに入れられ、それを整然と積み上げた上

川内村の仮置き場

に、上下を遮水《しゃすい》シートで覆うものになっていました。放射性廃棄物がたくさん置かれているわけですから、放射線量は高いものと思って緊張しましたが、実際に測ってみると、〇・一八七ミリシーベルトで、村の中心部よりもむしろ低い数値でした。廃棄物を線量の高いものを中心におき、そのまわりに比較的線量の低いものを置いて積み上げる、また何重もの遮蔽《しゃへい》を行うなど、安全管理に注意を払った結果です。

県内各地の仮置き場での保管期間は、およそ三年を目安としています。その先の保管をどうするかについては、汚染のいちばん深刻な双葉町・大熊町に「中間貯蔵施設」をつくることが決まりました。ただし、具体的な用地の確保や施設をつくるスケジュールなどは不明確なままです。また、ここでの保管期間は三〇年とされていますが、その次の「最終処分場」については、「福島県外」を予定するということ以外に何も決まっていないのが実状です。

除染は、今、行っている最中ですので、こうした廃棄物はますます増えていきます。あちこちにあるため池の除染は、二〇一五年度になってようやく本格化するところですし、山林についても二〇一四年九月になって実証試験が始まったばかりです。ただし、山林については、国は、どのように除染をすすめるかという具体的な方針を示すことができずにいます。

不信を感じさせる国の姿

除染作業は、避難指示区域については国が、それ以外の場所については市町村が責任をもつという分担になっています。国が除染をする「除染特別地域」は一一市町村に、自治体が線量を調査し、必要に応じて除染を行う「汚染状況重点調査地域」は三九市町村に設定されています。自治体が行うものについては、住民と協力して実施しているケースもあります。除染は、住宅や公共施設、道路などを優先して行われています。

二〇一五年一月現在で、除染特別地域については、すべての地域について除染計画が策定され、すでに本格的な除染が終了したり、着手されたりしています。また、汚染状況重点調査地域については、住宅の除染終了が四七パーセント、道路の終了が二二・九パーセント、公共施設の終了が七七・一パーセントなどとなっています。

除染の目標について、国は、個人が受ける追加被曝線量を年間一ミリシーベルト以下にするとしてきました。しかし、除染による線量の低下は認められても、年間一ミリシーベルト以下にはなかなかならない地域も出てきます。その中で国は、二〇一三年一一月に、従来行ってきた空間線量の値から年間線量を推計する（毎時〇・二三マイクロシーベルトを下回れば年間一ミリシーベルト以下）のでなく、住民一人ひとりが線量計を持ち個人の線量を測定することを重視するよう、市町村などに提言しました。

もともと、年間一ミリシーベルト以下の被曝というのは、今回のような事故のない平常の空間での市民の被曝上限として国際的に勧告されたものですから、すでに放射性物質が拡散してしまったもとで、それを目標とすることが適切かという点については、議論があったところです。しかし、だからといって、空間線量より低めに出るとされる「個人線量」をいきなり持ち出せば、住民や自治体の中に、除染が十分に行われなくなるのではないかという不安が広がるのは当然です。

さて、先ほどふれた、中間貯蔵施設についてですが、双葉町、大熊町の町民の気持ちは複雑です。人が安全に生活できる空間を広げていくためには、どこかに中間貯蔵施設が必要です。そのこと自体は納得している人たちにも、最終処分場のめどがまったくたっていないために、「ここが最終処分場にされてしまうのではないか」という不安と懸念があるからです。

長期にわたる全町避難のなかで、住民たちは疲れています。そこへ、二〇一四年六月、中間貯蔵施設の説明にいった石原伸晃環境大臣（当時）が、「最後は金目でしょ」という発言をします。政府の担当大臣さえ、故郷を奪われた住民の悲しみに思いが至っていないということを、無神経きわまりない言葉で露呈したものでした。そういう国の姿に、不信を感じる人は少なくないと思います。

両町とも、地権者から不満の声があがり、用地交渉もうまく進んでいません。「国民の将来や財産、人生をないがしろにすることなく対応してほしい」という声が、本当に切実に響いてきます（福島民報二〇一五年三月三日付）。

〔4〕事故の損害賠償をめぐって

東電と国の誠意が問われている

事故によって避難を強いられた人々は、家や土地、財産を奪われ、仕事を失うなど、精神的、肉体的な苦痛に加え、経済的にも苦境に立たされています。これは原発の事故によって引き起こされた状況ですから、当然、被災者たちは東京電力に損害賠償を請求しています。

「原子力損害の賠償に関する法律」にもとづいて、二〇一一年四月、原子力損害賠償紛争審査会（原賠審）という機関が文部科学省に設置されました。そこが被災者の損害をどのように算定するかについての指針を示し、賠償はそれにもとづいて行われることになっています（主な賠償項目については次ページの表を参照）。ただし、ここにもいくつかの問題があり、賠償はスムーズに行われていません。

第一は、避難区域の住民に対する賠償額の格差が適当かという問題です。「帰還困難区域」「居住制限区域」「避難指示解除準備区域」の三種類の区域の中で、「帰還困難区域」に住んでいた住民にのみ、長期帰還不能慰謝料が七〇〇万円支払われています。これに対して「区域が違うといっても隣接している。同じように不安があるのに、どうして賠償額にこんなに大きな差がつくのか」といった声が出されています。これがもとで、同じ仮設住宅に暮らす人同士の関係が悪化する場合もあり、それを避けるために、三つの区域を町内にもつ富岡町議会は、全町民の一律賠償を求める意見書を採択しています。

第二に、避難指示を受けた区域の周辺に暮らしており、実際には損害を受けているにもかかわらず、賠償の対象とならない住民がいるという問題です。こういう場合、住民が東電に賠償請求をしても、東電側は原賠審の指針にないという理由で賠償を拒否します。そこで、住民は

福島第一原発事故の主な賠償項目

全県	●営業損害 ●自主的除染費用
避難区域	**帰還困難区域〔年間被曝線量50ミリシーベルト超〕**
	●財物（宅地、建物、構築物・庭木、家財） ●住居確保損害 ●就労不能損害 （震災前の収入などで算定、平成27年2月で原則終了） ●精神的損害 （1人月10万円。5年分600万円を一括払い） ●長期帰還不能慰謝料（1人一括700万円）
	居住制限区域〔50～20ミリシーベルト超〕 避難指示解除準備区域〔20ミリシーベルト以下〕
	●財物（宅地、建物、構築物・庭木、家財） ●住居確保損害 ●就労不能損害 （震災前の収入などで算定、平成27年2月で原則終了） ●精神的損害 （1人月10万円。避難指示解除後、原則1年で打ち切り）

（文部科学省原子力損害賠償紛争審査会の指針などから）

裁判を起こしたり、裁判外紛争解決手続き（ADR）の申し立てを行っています。

ADRは、訴訟より手続きが簡単で、速やかな問題解決を図るための方法で、具体的には、住民が原子力損害賠償紛争解決センターに申し立てを行うと、これを受けて同センターが東電との間の和解案を提示し、これに両者が合意すれば賠償金が支払われるというしくみです。ADRの申し立て件数は増加の傾向にあり、二〇一五年二月の時点で一万五〇〇〇件余りに達しています。ただし、実際に和解に至ったのは二〇一四年一一月末時点で、申し立て件数の六六パーセントにとどまっています。センターの和解案には法的拘束力がなく、東電が拒めば問題は長期化してしまうのです。

私たちも訪れた浪江町の町民一万五〇〇〇人による、精神的損害賠償の増額を求める集団申し立ては、広く注目されました。これは、原賠審が「月一〇万円」と定めた精神的賠償額が、交通事故による自賠責保険の基準を参考に算出したもので、被災地住民の実状からかけ離れているという判断から、その増額を求めたものです。具体的な理由としては、「重度または中程度の持病がある」「介護を恒常的に行った」「懐妊中である」「家族の別離、二重生活等が生じた」「避難所の移動回数が多かった」などが挙げられました。

申し立てを受けて調査を行ったセンターは、二〇一四年三月に、精神的損害賠償の「五万円増額」という和解案を提示しました。しかし東電は、「一律の増額ではなく個別の事情にもとづいて対応したい」という名目で、その後、四回これを拒否しています。その結果、二〇一四年一一月末の時点までに、申立人のうち二三八人が亡くなるという事態になりました。長い避難生活で体調を崩す高齢者が多い現実を見れば、東電のこのような態度は、ADRの意味を否定するものだと浪江町は指摘し、より誠実な対応を求めています。

第三に、国と東電がそもそも被災者の実状に真摯《しんし》に向き合っているのかどうかを疑わせる事態も起こっています。たとえば避難地域の商工業者に対する営業損害賠償についてですが、資源エネルギー庁と東電は二〇一四年一二月に、営業賠償を二〇一六年二月で終了するとの素案の説明を行いました。

営業再開の見通しさえ十分立たない業者や風評による営業の落ち込みに苦しむ業者も多く、これには当事者だけでなく、福島県や県の弁護士会からも強い批判があり、東電は素案を見直すことになりました。このような素案が出てくること自体が、被災者の実状を理解しようとせず、逆に、自分たちの企業利益のために、できるだけ早く賠償を打ち切ろうとする東電の冷たい姿勢を示すものといわねばなりません。

優遇される東電は黒字決算

東電は二〇一三年度が四三八六億円、二〇一四年度が四五一五億円という黒字決算になっています。理由として考えられるものの第一は、二〇一二年の電気料金の値上げです。原発を止めたことで新たに火力発電の燃料費がかかるようになりましたが、この増加分は、電気料金の値上げ分で賄うことができています。

また東電は、多額の損害賠償の支払いを抱えていますが、これについては政府と他の電力会社が被災者への賠償金を肩代わりし、東電が儲けをあげた時に、返済させるという仕組みがつくられています。このような仕組みのもとでは、賠償金額の多い少ないによって、東電が経営破綻《はたん》することはありえません。さらに、原発は停止していても、その維持費などは全て電気料金に含まれています。

被災者の窮状とは対照的に、東電はこのように大変優遇されています。その東電が、ＡＤＲによる和解案を拒否したり、営業賠償の打ち切りを提案したりすることは、まるで理屈が通らないのではないでしょうか。ひょっとすると、長年優遇されることに慣れきって、自分たちが起こした事故の責任や、事故がもたらした悲惨な現実、被災者の痛みなどを理解することができなくなっているのかも知れません。

東電の賠償金を肩代わりしている政府のお金は、もとは私たちが支払っている税金です。そこに税金を使うことが適当なのかどうか、東電を甘やかす政府の姿勢についても、主権者・納税者として問題にする意識をもつ必要があるように思います。

〔5〕子どもの生活と健康状態

学校の定員割れ、学力の低下

放射線の影響を受けやすいとされる、子どもたちの生活や健康の問題についてです。これについては福島県の県立高校につとめる大貫昭子先生から、相馬市でまとまったお話をうかがうことができました。

まず、子どもの生活に大きく関わる学校の様子ですが、原発事故によって、相双地区の少なくない地域で学校そのものが避難（移転）しなければなりませんでした。児童・生徒も避難しなければならなかった例が多いので、大貫さんによると、移転した学校では子どもの数がかなり減った例があります。二〇一〇年四月と二〇一四年四月を比べると、浪江町の小学校の生徒数は一一六二人から二二人にまで減りました。帰村を進めている川内村の小学校でも同じ期間に一一二人から二六人に減り、南相馬市の小学校も三三七四人から一六〇〇人に減っています（南相馬市の場合も学校が移転先から自校に戻ったケースがあるのに生徒数は大きく減っています）。双葉町は二〇一二年、二〇一三年と、町民の多くが埼玉県加須《かぞ》市に集団避難し、小中学生が移動先の学校に転入しました。住民が帰還できない避難地域では、まだ移転先のプレハブ校舎などで学校生活を送っている子どもたちがいます。こうしたケースでは、子どもたちの学校生活は激変しているでしょう。

高校については、震災があった時、各学校は入学者決定などの業務を行っていました。その業務ができなくなったため、二〇一一年の受験生は全員合格の措置をとりました。学校によっては、受験生のリストさえ見つけることのできない高校もありました。四月には原発から一〇キロ圏内にあった一〇の高校が、県内外の高校や大学に間借りして、二〇以上に分かれて授業を開始しました。「サテライト校」方式と呼ばれたものです。しかし、一年後の二〇一二年四月には、一部をのぞいて各校一校に集約されました。今は、これら一〇校すべてが定員割れとなっています。避難者が多いためです。

その結果、たとえば一教科八〇点取らねば入れなかった高校に、六〇点で入れるようになるといったことが起こり、「勉強しなくてもどこでも入れる」と、学習へのモチベーションが下がり、これが学力の低下につながっているそうです。

スマホで近視に、育ちの環境の問題も

また、子どもの健康状態にも影響が出ています。事故以来、放射線の影響を小さくするために、外での運動が制限されました。そのため、運動不足によって肥満が増え、勉強机もなく、テレビの音量にも気をつかわねばならない仮設住宅では、遅くまでスマホで遊ぶために近視の子どもが増えた。さらに、幼稚園や保育園の子どもには土踏まずの形成に遅れが見られるなどのことが、指摘されています。

心の問題や家庭の教育力の低下も重要な問題です。避難地域の住民には、被害状況に応じて東京電力から賠償金が支払われています。そして避難している人々の中には、仕事を失い、な

かなか再就職先が見つからない人もいます。そのため、たとえば昼間からお父さんがパチンコに行く、子どもがかわいそうだからと、欲しがるものを高価なものでも買い与えるといったケースも出てきます。子どもたちは「仕事をしていなくても、それなりの暮らしができる」という環境で育つことになるわけで、それが子どもたちの「働くこと」への理解や金銭感覚に戸惑いを与えないかとの指摘もされています。

このように震災と原発被災は、子どもたちの世界にも、その世界に独特な形で、物理的にも、精神的にも大きな被害を生み出しています。手厚い生活のケアと教育支援が必要ですが、学校では子どもたちの人数が減ってしまうと、その子どもたちを担当する先生方の数も減らされているというのが実状です。津波で家を流され、また放射性物質を避ける避難のために、五〇キロ、一〇〇キロも離れた場所から通勤している先生もいるそうです。こういう問題については、国や自治体が、状況の改善をはかるべく対応すべきなのではないのでしょうか。

子どもたちを癒す学校の役割

そういう中にあっても、学校が子どもたちの心を癒《いや》す役割を果たしたと大貫さんは語ってくれました。

「バドミントン部の顧問として、去年県大会に泊まりがけで参加しました。男子生徒二人とじっくり話す時間があり、将来の夢を聞いたところ、学校の先生になりたいと言うんです。『どうして?』と聞くと、学校が楽しいと言われて驚きました。その答えにあらためて気づかされたのです。三・一一以降、私たちは、教科書も制服も修学旅行も入学式も終業式もないところから始めました。とにかく早く授業を正常化したかった。その一方で、傷ついている子どもたちはたくさんいましたから、原発の話も津波の話も地震の話もしないで授業に集中しました。それが、結果的に、子どもたちにはよかったんですね。家庭や地域でいろんな苦しみを抱えた生徒たちも、学校に来さえすれば、先生がいて友達がいる普通の学校生活を送ることができる。だから学校はこの子たちにとって、一番安心できる場所だったんじゃないかと思います」。

大貫さんのまわりには、将来、福島県で復興のために働きたいという子どもが多いそうです。

甲状腺がんの検査結果にかかわって

旧ソ連のチェルノブイリ原発の事故(一九八六年)の後、六〇〇〇人もの子どもたちが、放出された放射性ヨウ素による内部被曝で甲状腺がんになったことから、福島にも同様の被害が出るのではとの懸念がありました。そのため、県民健康調査(二〇一一年五月から県が福島県立医科大に委託して実施)では、超音波を使った子どもの甲状腺がんの検査が綿密に行われています。事故当時一八歳以下だった子どもについての前例のない大規模な検査です。

一巡目の先行調査（〜二〇一四年一二月末）は、対象者約三七万人のうち三〇万人が検査を受け、甲状腺がんと確定された人が八六人、その疑いがある人が二三人確認されました。二巡目の検査の中でも甲状腺がんと診断された人が出ています（毎日新聞二〇一五年二月一二日付）。そのため、これをチェルノブイリ事故と同じく、原発事故で放射性ヨウ素が大量に拡散されたためだととらえる人もいます。

しかし、そう断定するのは、まだ早いように思えます。チェルノブイリの事故と福島の事故では、状況に相当な違いもあるからです。

一つには、チェルノブイリ事故の場合、住民は放射性物質に汚染された牛乳を飲み続け、約三万人の子どもが一〇〇〇ミリシーベルトを超える被曝をしています。しかし福島では放射性ヨウ素の被曝量は推計で数十ミリシーベルトだとされています。これはいわき市や川俣町《かわまたまち》、飯舘村の〇〜一五歳の一〇八〇人に対して行った、甲状腺スクリーニング検査から導かれた推計です。

二つには、チェルノブイリ事故で被曝した住民は、周辺に海がないことから、海藻などに含まれるヨウ素の日常の摂取量が非常に少なく、そのために放射性ヨウ素を甲状腺に取り込む人が多かったという事情があります。しかし、福島では、安定ヨウ素剤を飲むべき（そのヨウ素で甲状腺を満たして放射性ヨウ素の取り込みを防ぐ）甲状腺被曝レベルである、五〇ミリシーベルトを超える子どもたちの被曝は確認されていません。また海草を多く食べる日本人は、世界の中でもヨウ素を多く摂取していて、医療行為として放射性ヨウ素を用いた検査などがされる場合には、一～二週間にわたってヨウ素を含む食品を食べないようにしないと甲状腺にヨウ素が取り込まれないことも知られています。

三つ目には、チェルノブイリの事故後に見つかった子どもたちの甲状腺がんの年齢分布は、ベラルーシでは、四歳以下が三分の二を占め、九歳以下が九七・六パーセントになっています。それに対して、福島の子どもに見つかった甲状腺がんについては、一〇～一八歳が九五・四パーセントを占めています。

福島医科大の鈴木真一教授は、二〇一四年一一月の学会で、それらの子どもの遺伝子変異のタイプはチェルノブイリの場合と異なっており、大人の甲状腺がんと同じタイプの遺伝子変異が見られたと報告しています。また福島医科大は、初めて綿密で網羅的な調査が行われたことで、通常なら大人になってから発見される甲状腺がんが（甲状腺がんは進行がとても遅い）、早い段階で見つかっていると分析しています。

こうして比べてみると、原発事故で拡散された放射性ヨウ素によって、甲状腺がんが増えたとすることは、現時点では難しいように思えます。もちろん、被曝のリスクは長期にわたりますし、県民にも不安の声がありますから、今後も継続的な検査・分析が必要です。そして、そうして得られた情報を、住民に適切に伝え、住民の意向をふまえながら対応していくことが必要です。

〔6〕農業、漁業、食の問題

しっかりとした安全管理と関係者の努力

原発事故によって拡散した放射性物質は、福島県をはじめとする各地の農業、漁業、林業にも深刻な打撃を与えました。福島の農産物と海産物についていえば、事故から四年経った時点で、食品衛生法が基準とする「一キロあたり一〇〇ベクレル」を超える例はかなり減っています。そして、基準を超えるものはもちろん、市場に流通していません。ここまで農漁業を回復するには、農家、漁師のみなさんをはじめ関係者のたいへんな努力がありました。しかし、「福島産の食べ物は危ないのでは」という風評に、今なお苦しめられているという一面も残っています。

原発事故の後、食品についての暫定規制値が定められ、それを超える食品には出荷制限がかけられました。さらに、二〇一二年四月からは、線量が低下してきたことに合わせ、新しく、

放射性セシウムの暫定規制値（単位：ベクレル／kg）

食品群	野菜類	穀類	肉・卵・魚・その他	牛乳・乳製品	飲料水
規制値	500			200	200

※放射性ストロンチウムを含めて規制値を設定

放射性セシウムの新基準値（単位：ベクレル／kg）

食品群	一般食品	乳児用食品	牛乳	飲料水
基準値	100	50	50	10

※放射性ストロンチウム、プルトニウムなどを含めて基準値を設定

より厳しい基準値が採用されています（上の表）。新しい基準値は、年間の追加被曝線量を一ミリシーベルト以内に抑えるという観点でつくられています（当初の規制値は五ミリシーベルトまで許容）。つまり、現在流通している福島産の食品は、すべて平常時の市民の被曝上限に関する国際的な勧告のラインに合致した、安全性が保障されたものとなっています。

米については、三〇キロ単位で詰めた米袋をすべて検査しています。検査というと簡単なことのように聞こえますが、実際にはたいへんな作業です。まず、県内一七〇カ所に配置された二〇〇台以上のベルトコンベア式検査機（これは事故後に開発されました）でふるいにかけます。これを行うのに、一七〇〇人の検査員、二〇〇〇人の作業員が配置されています。そして、この検査で基準値を下回ってはいるが、一定のレベルを超えたというものについては、さらに一〇台の検出器

福島県産の食品の公表検査結果（概略）

	食品群	検査件数	基準値超過件数	基準値超過割合(%)
2011年度（平成22年度を含む）（暫定規制値適用対象）	野菜類	8,303	302	3.6
	水産物	3,650	227	6.2
	乳・乳製品	685	18	2.6
	肉・卵	6,795	165	2.4
	穀類	1,860	2	0.1
	その他	256	4	1.6
	計	21,549	718	3.3
2012年度（現行基準値適用対象）	野菜類	11,810	180	1.5
	畜産物	12,817	1	0.008
	水産物	6,853	861	12.6
	牛乳·乳児用食品	471	0	0
	野生鳥獣肉	386	274	71
	飲料水	23	0	0
	その他	2,397	61	2.5
	計	34,757	1,377	4
2013年度（現行基準値適用対象）	野菜類	13,862	163	1.2
	畜産物	16,802	0	0
	水産物	8,541	237	2.8
	牛乳·乳児用食品	430	0	0
	野生鳥獣肉	307	219	71.3
	飲料水	31	0	0
	その他	2,226	28	1.3
	計	42,199	647	1.5
2014年度（現行基準値適用対象）	農産物	11,255	27	0.2
	畜産物	15,832	0	0
	水産物	9,629	75	0.8
	牛乳·乳児用食品	416	0	0
	野生鳥獣肉	336	179	53.3
	飲料水	25	0	0
	その他	2,032	8	0.4
	計	39,525	289	0.7

厚生労働省資料から作成

を使ってより詳しい検査を行い、基準値を超えることが本当にないかを厳格に判定しています。

　こうした検査の中で、二〇一四年度の新米で基準値を超えたものは一つもありませんでした。事故から時間がたったことで、放射性セシウムが減少してきたことに加え、実践的な研究を重ねながら、イネが放射性セシウムを吸い上げないように塩化カリ肥料を撒《ま》いたり、土を深く耕すなどの努力を、農家、ＪＡ、県、研究機関などの協力の下に重ねてきたことの成果です。

　米以外の野菜、畜産物、水産物などの検査も市町村ごとに行われ、その結果は週ごとに厚生労働省のホームページに公表されています。ＪＡや消費者団体などが独自に検査をしている例もあり、ＪＡにはかなり本格的な検査体制を持っているところもあります。厚労省のホームページで確認できる、ここ数年の検査結果は右の表のようになっており、二〇一四年度には、基準値を超える生産物の割合がきわめて少なくなっていることがわかります。繰り返しますが、それらは出荷されません。

農業の復活に努力する人たち

　私たちは、相馬市で「浜通り農民連」の三浦広志さんに、先のベルトコンベア式の検査機を見せていただきました。その後、三浦さんの取り組みを取材した、かたやまいずみ『福島のおコメは安全ですが、食べてくれなくて結構です。』（かもがわ出版、二〇一五年）という長いタイ

福島市の野崎果樹園を訪ねた時の写真。農家の方の思いを伺いました

トルの本が出されましたが、消費者が納得してくれるまで待つ、あわせて、そのために必要なことは徹底して行うというその姿勢は、あらためて、お会いした当日の明るく元気なお話しぶりを思い出させてくれるものでした。

また、福島市では野崎果樹園でぶどう狩りをさせてもらいました。前の年に私たちのゼミの先輩たちも訪れた場所で、そのことも紹介した『女子大生　原発被災地ふくしまを行く』をお届けしました。震災をきっかけにお客さんは減ったそうです。私たちが食べる様子を見て「おいしいと言ってもらえることが幸せ」と語る言葉が、身に沁《し》みました。

浪江町では、稲作の実証実験が行われ

ている田んぼも見せていただきました。東京大学などの協力も得て、土の表面を入れ替えて稲を植えたそうです。収穫は震災以前に近いものになるだろうとのことで、実験がうまくいき、米が作れるようになれば、お年寄りの仕事が増えると町役場の方はおっしゃっていました。その後、二〇一五年になってからのニュースによると、東大キャンパスでこの米の試食会が行われたそうです。収穫された米は、全袋検査の結果、放射性セシウムが一キロ当たり、いずれも二ベクレル以下となり、基準値の同一〇〇ベクレルを大きく下回りました。

他方で、福島の農家には、自分の田畑を除染廃棄物の仮置き場として提供した人もいます。次第に農業が復活していく中で、その土地は少なくともしばらくは、農業に使うことができません。地域の復興に向けたたくさんの人の努力にはげまされるとともに、こうした複雑な問題を生み出す、原発事故の影響の深さをあらためて考えさせられました。

漁業を復興させる努力も

漁業でも明るい話題が増えています。農産物と同じく、水産物の検査も厳しく行われてきました。県は二〇一一年四月から、県水産試験場の調査船と漁業者の漁船などで、毎週二〇〇近くの魚や貝を検査しています。その結果、二〇一四年度には、事故後初めて、基準値を超える魚介類の割合が一パーセント以下になりました。

私たちは、相馬市で、福島県水産事務局の方と相馬双葉漁協の漁師さんたちからお話をうかがいました。基準値を超える魚介の減少は、主に時間の経過とともに放射性セシウムの影響が弱まってきたことによるもので、その一方で、汚染水が流れ出た周辺の浅い海域にいるアイナメ、メバル、カレイなどの一部には基準値を超えるものも見つかっており、引き続きしっかり検査しているとのことでした。

漁業を復興させたいという漁師さんたちの思いは、とても熱いものでした。二〇一一年の震災・津波によって、およそ一〇〇人の漁師さんが犠牲になり、多くの漁船も被害を受けました。その上、放射線の影響で漁業は自粛を強いられます。たいへんな状況の中から、各漁協は、国や自治体と協力して、魚の検査体制、流通方法などを整備してきました。二〇一二年六月には、試験操業が始まりました。

試験操業というのは、モニタリング調査によって、安全が確認された魚介類を選定し、小規模ではあっても操業と販売を行うことで、流通先の確保と出荷先での評価を調査するための漁業です。国の基準値より厳しい一キロあたり五〇ベクレルを下回る魚を市場に出荷するようにしていますが、二〇一五年五月現在で、対象の魚種は六四種になったそうです。漁師さんは、少しでも出荷できる魚介類の種類を増やしたい、福島での水揚げを継続することで消費者の安心、信頼を回復していく必要があると言われていました。

相馬市で漁師さんたちの話を伺う

試験操業は規模が小さいことと、また加工業者がもどっていないということもあって、毎日漁に出るということにはなっていません。漁は、週に一、二回だそうです。試験操業のみを仕事としている人もいれば、試験操業の他に別の仕事をしている人もいるとのことでした。

ある漁師さんは、海の瓦礫《がれき》を撤去する仕事をしていた時期があったそうです。その時、二歳になる娘さんに、「パパの仕事何だ?」と聞くと「海のお掃除!」と答えたと話しておられました。そのことを語る漁師さんの表情には、情熱と誇りをもって続けてきた漁ができないことと、自分が漁をする姿を子どもたちに見せることのできない悔しさがにじみ出ているように思えました。それでも、漁師の仕事にこだわるのは、仕事への誇りがあり、福島の漁業を復活させたいという強い思いがあるからです（次ページ別項参照）。

お話の中で驚いたことの一つは、「福島の魚の安全性が理解されていないのは、自分たちのアピールが不足しているからだ」と言われたことです。国が決めたものよりさらに厳しい基準を自分たちで設定して、それをしっかり守っているのに、信用が回復していないのはメディアがそういうことを知らないからで、それは自分たちのアピールが不足しているからだというのです。現状を、自分たちの力でなんとか改善していこうという姿勢が強く伝わる言葉でした。

他方で、その後、こうした漁業関係者の気持ちを逆なでするような事態も起きています。二〇一五年二月、福島第一原発で高い濃度の放射性物質を含む雨水が、排水路を通じ港湾外の海に流出していたことが明らかになりました。東電はそれを二〇一四年四月以来、把握していたにもかかわらず公表していなかったというのです。漁業関係者は魚の汚染状況や流通を透明化し、消費者に安心してもらおうと懸命な努力をしています。ところが加害者の東電が、大事なことを隠し、被災者と国民を欺いているのです。許されないことではないでしょうか。

〈漁師さんのお話から〉

「一度まるっきりゼロになって、漁に行きたくても行けなくなった。その時から考えたら、週に一、二回でも漁に行けて、去年獲れなかった魚が今年は獲れるようになっている。そのことが嬉しく、前に進んでいるかなと思う。来年も再来年も獲れる種類が増えていけば、漁に出る機会も増えるのではないかと思ってる。俺らがこうやってゆっくり進むのと同じくらいのペースで、原発事故もおさまってくれるといいんだけど……」。

「なんでそんなに漁業にこだわるんだろう、他の仕事は考えないのかって思うかもしれませんが、自分は親に憧れて、この仕事についたんです。親は自分が小さい頃だと、夜中には沖に出ていて、遅くまで仕事をしていたから、父の姿はほとんど見たことがなかった。だけど、どれだけ魚が獲れたかは覚えていて、それを見てすごいなって思って憧れたんですよ。

俺は高校を卒業してから漁師になって、震災まで十数年漁をしてきて、ようやく楽しい、面白いなと思える段階になった時に、原発事故が起こって、ゼロになってしまった。悩んだこともあったけれど、憧れもあり、漁の面白さもあってつづけている。

この海を次の世代の漁師たちに伝えていきたい。後世に残したいとも思う。そういう理由から、やっぱり漁師は捨てたくない、捨てられないというのが自分の気持ちです」。

〔7〕事故は収束？　これからどうなる？

多くの危険がそのまま残されている

事故を起こした福島第一原発が、現在、どういう状況にあるかについて、どれくらいの方が知っているでしょう。現状は、かつて野田佳彦首相が表明した「事故の収束」（二〇一一年一二月）とはほど遠い、とてもシビアなものとなっています。しかも〔6〕でふれた汚染水の海への流出のように、それが東電自身によってオープンにされないこともしばしば起こっています。

〔5〕に登場していただいた高校教師の大貫さんは事故後の原発について次のように話されました。

「東電や政府が本当のことを言うとは思っていないので、もし何かあれば、いったい誰がいつ、本当のことを教えてくれるのかわからない。実は私が一つ基準にしているのは、空の様子です。原発で何かが起これば報道機関のヘリコプターが原発のある方角へ飛びますから」。

これは私たちにとって、衝撃的な言葉でした。これだけ情報が氾濫《はんらん》している世の中で、原発について大事なことがオープンにされていないと、そのすぐ近くに暮らしている人が感じているというのです。大貫さんは、「国が言っていることが信じられない、東電の言っていることが信じられない。そういう中で私たちは暮らしているということなんです」と繰り返されました。

そうなると私たちが知っていることも限られているということなのでしょうが、ここでは、ともかくわかっていることをまとめてみます。

福島第一原発は、四基すべてを廃炉にすることが決まっています。しかし、廃炉にするためには、溶けて圧力容器から外に出てしまった、高濃度の放射性物質である核燃料の回収が最重要課題となりますが、それがどのような姿で、どこに存在しているのかもわからないのが現状です。事故が起きて以来、配管を使って冷却水を炉内に入れて循環させ、なんとか核燃料を冷やし続けてきました。その中で、格納容器から水が漏れ出していることが確認されましたが、どこから漏れているかもわかっていません。

核燃料が原子炉格納容器の下の方に落下したと思われる一〜三号機については、格納容器の状況などを二〇一九年までに遠隔操作のロボットを使って把握するとの計画ですが、計画通りに事が運ぶかどうかは未知数です。

それとは別の問題として、原発建屋内部のプールに保管された使用済み核燃料の安全な保管も重要課題です。事故を起こした一～四号機のうち、四号機については、二〇一四年にプール内の使用済み核燃料の取り出しに成功しました。しかし、一～三号機については毎時一〇〇ミリシーベルトを超えるような線量の高い場所がかなり残っており、作業員が近づくことさえ難しい状態です。政府は、三号機は二〇一七年以降、一号機は二〇一九年以降に、使用済み核燃料を取り出すとしていますが、最も放射線量の高い二号機については、その見通しも立っていません。

原発敷地内の瓦礫は、かなり片付けられましたが、地震と爆発で傷んだ建築物の補修は十分ではありません。万が一、今、大きな地震や津波が起きて、再び事故現場が直撃されるとなれば、放射性物質が原発敷地外に出てしまう危険があることを、原子力規制委員会も認めています。

このように、事故によって生まれた原発内部の危険な状態は、相当な部分が、そのまま残されているのが実態です。それはとても「コントロールされている」とか、「収束した」などといえるものではありません。廃炉まで三〇～四〇年はかかるといわれていますが、それさえ、まだはっきりした見通しが立っているとはいえません。

汚染水もコントロールされていない

事故への対応の中で、当面の大きな課題となっているのは、増え続ける汚染水をどうするかということです。注入されている冷却水が原子炉建屋の地下に漏れ出し、さらに、日に三〇〇〜四〇〇トンといわれる地下水がそこに流れ込んでいます。冷却水として再利用できないものは、原発敷地内につくったタンクに貯めていますが、その量は二〇一五年三月時点で二二万トンにも上っています。

原子力規制委員会は、二〇一五年一月に、原子炉建屋周辺の井戸（サブドレン＝地下水をくみ出すための竪穴）からくみ上げた地下水を、浄化した後、海に放出するという東電の計画を認可しました。しかし、「浄化」といってもそのために使われるＡＬＰＳ（多核種除去設備）では、放射性物質の一つであるトリチウムは除かれません。加えて〔6〕でふれたように、二〇一五年二月に汚染水が港湾外の海に漏れ出しましたが、東電が二〇一四年四月以来、汚染水漏れを認識していながらその防止策をとってこなかったことがわかっています。これによって漁業関係者の中に「お互いの信頼関係が崩れた」と怒りの声が広がり、関係者の理解が得られないままでは、サブドレンからの海洋放出はできないという状況にもなっています。

汚染水対策としては、一〜四号機の周辺およそ一・五キロの地中にマイナス三〇度の冷却剤を循環させる設備をつくり、配管の周りを凍らせる凍《とう》土《ど》遮《しゃ》水《すい》壁《へき》（地下水の流入を防ぐ）という計画も打ち出されています。しかし、その建設も予定通りには進んでいません。

安倍晋三首相は、二〇一三年九月に行われた国際オリンピック委員会の総会で、「（汚染水問題の）状況はコントロールされている」と演説しました。しかし、それは事実を正しく世界に伝えたものとはいえません。オリンピックを招致したいがゆえの、苦し紛れの言葉でしかなかったといえばいいすぎでしょうか。

汚染水対策の工事の本格化とともに、福島第一で働く作業員の数は増えています。二〇一三年に一日三〇〇〇人程度だったのが、二〇一四年末には一日七〇〇〇人が働くようになっています。状況改善のために多くの力が結集されるのは良いことです。しかし、人員の増加によって安全管理が行き届かなくなり、人身事故が増加の傾向を示すようになっています。被曝線量の正確な計測も含め、作業員のみなさんの安全管理を徹底するべきです。

〈東京オリンピックでいい影響?〉

二〇二〇年に、東京でオリンピックが開催される予定です。これを楽しみにしている人は多いでしょう。他方で、オリンピック開催には多額の費用や人手が必要になりますから、その影響で震災からの復興作業が遅れてしまうのではないかとの懸念も示されています。福島の人々はどのように考えているのでしょう。

前福島県知事の佐藤雄平氏は、東京電力福島第一原発がある県沿岸部の国道六号線で「復興の現状が正確に伝わるように、ぜひ聖火リレーをしてほしい」と述べています（二〇一四年六月）。福島県の安全をアピールしたいとの願いを込めての発言なのかもしれません。

また、浪江町役場のある職員さんは、「これから二〇二〇年に向けて建設ラッシュになり、人手や資材不足になってくるかも知れません。しかし、海外の人々に復興した姿を見せることができるよう、国が力を貸してくれるのではないか」と期待の言葉を述べていました。

他方、浪江町の「希望の牧場」で、被曝した牛を飼い続けている吉沢正巳さんは、「東京五輪は被災地の復興に役立たない。被災地を置き去りにした大都会のエゴだ。勝手にやればと思う」と述べていました。

そこまではっきり言わないとしても、国のこれまでの姿勢に対する不信を広い背景に、事故から四年をすぎた現状から、「はたしてわずかあと五年で、海外の人たちに自信をもって見せられるような復興をなし遂げることは可能だろうか」と、そのことに難しさを感じている人は少なくないようです。

災害公営住宅の建設が遅れている要因の一つは、人手不足です。オリンピックの準備が始まり、被災地から土木建設業者がどんどん減っているという指摘がすでになされています。東京オリンピックが決まったのと同じ二〇一三年九月に、政府は汚染水対策に四七〇億円を投ずることを決めました。その一方で、東京オリンピックには六〇〇〇億円です。この数字を見て、ものごとの優先順位がまちがっていると感じた方も少なくないのではないでしょうか。

「福島の復興なくして東京五輪の成功はない」ということは、スローガンとしてはありうるものです。しかし、それを言葉だけにとどめないためには、具体的な取り組みを急ぐことで、福島の復興を手前に引き寄せる努力が強化されねばなりません。

高校教師の大貫さんは、「被災地の状況をどうとらえるかについては、福島県内の人にも温度差はかなりあり、まして日本全国となれば伝わらないこともたくさんあるでしょう。だからこそ多くの人に、福島の現実を実際に目で見てほしい」と言われていました。これは、東京オリンピックのあり方を考えるうえでも、大事なことではないかと思います。

第2章　広島で知った「今」の問題

二〇一五年は、広島・長崎での被爆七〇周年にあたりますが、私たちは、二〇一四年の夏に広島を訪れ、それがすでに終わった問題ではないことを、あらためて認識させられました。そこで学んだことを中心に、核兵器や被爆・被爆者の現在について書いてみます。

〔1〕被爆・被曝、そして核兵器は「今」の問題

被爆（被曝）者の「今」は

広島と長崎にアメリカの原爆が投下されてから、二〇一五年で七〇年になります。当時一〇歳の子どもでも、今では八〇歳の高齢です。日本では、その時に何が起き、その後も被爆者がどんな苦難の道を歩んできたかを語り継ぐ取り組みが行われてきましたが、いよいよ体験を語ることのできる人は少なくなっており、どのようにしてその記憶を社会が受け継いでいくかについて、真剣に考えなければならない時期に入っています。

亡くなった少女たちの名前を見つめる（広島市立高等女学校の慰霊碑）

核兵器による攻撃あるいは実験による被害を受けた人を被爆者と呼んでいます。「被爆」という文字を使います。他方で、核兵器は爆発の瞬間に大量の放射線を放出しますし、大量の放射性物質を拡散するものです。放射線にさらされるという意味での「被曝《ひばく》」を意図的に行う兵器でもあるわけです。ですから、核兵器による被爆者は、同時に被曝者ともなります。このような意味で、ここでは、被爆という言葉を、被曝の意味も含んだものとして使っていきます。

厚生労働省の調査によれば、二〇一四年三月現在、全国には約一九万三〇〇〇人の被爆者が暮らしています。私たちの大学の周辺でいえば伊丹市の、関東では西東京市や小田原市の現在の人口に匹敵するほどの人数です。しかし、これは実際に被爆し、今も生きている方の全員を

被爆者（被爆者健康手帳所持者）数の推移

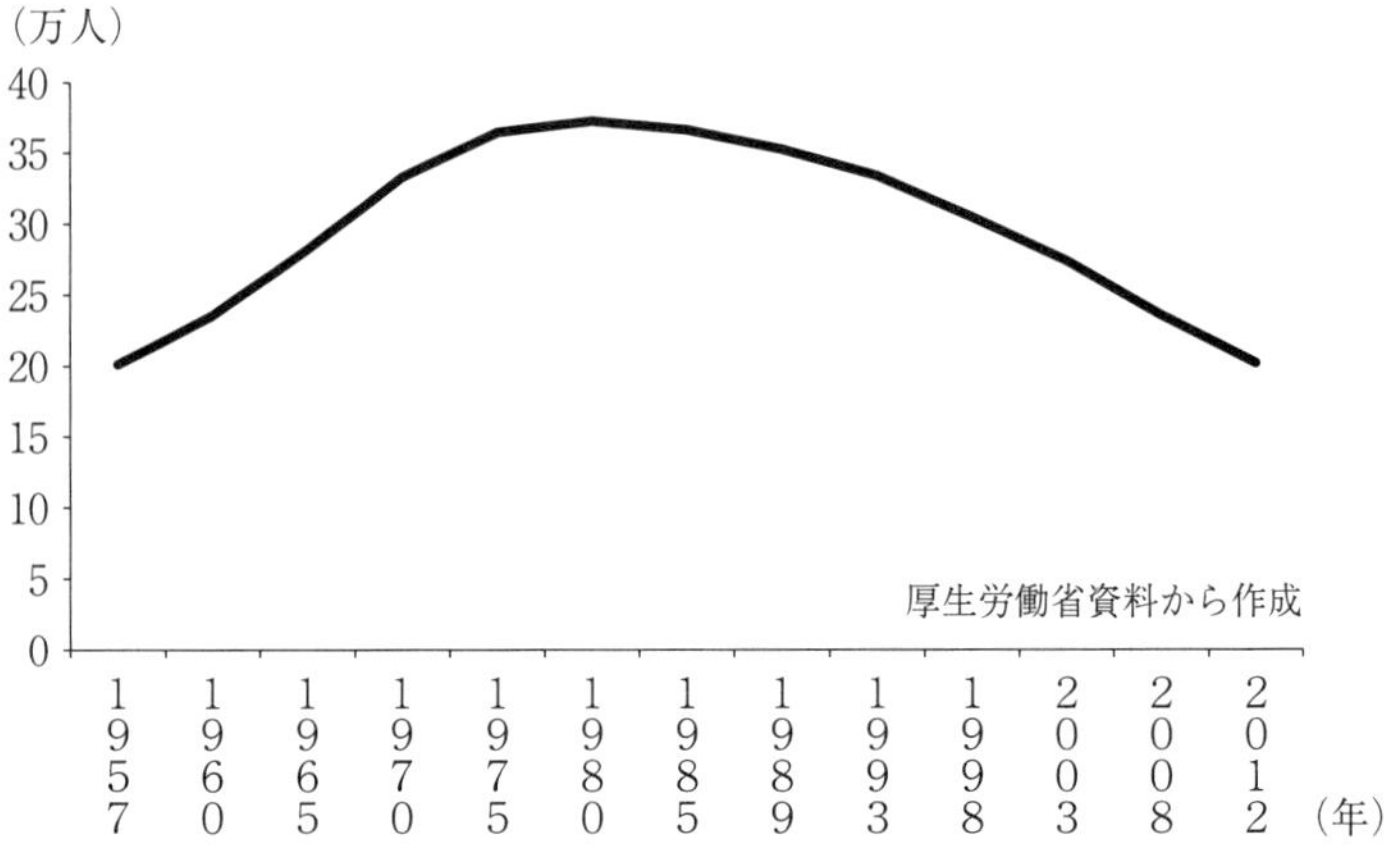

ふくむものではありません。「原子爆弾被爆者に対する援護に関する法律」（通称「被爆者援護法」）にもとづき、国が被爆者だと認めて、その証明として被爆者健康手帳（通称「被爆者手帳」）を発行した人の数だけなのです。

　被爆者手帳は、被爆者であることを証明し、その健康状況を記録するためのもので、これを持っている人は、無料で健康診断を受けることができ、一定の病気になった場合には医療費が国から支給されます。被爆者には、原爆投下の直後を生き延びても、放射線の被曝によって、がんや白血病、慢性肝炎、心筋梗塞《こうそく》、白内障など、原爆症と呼ばれる後障害に苦しんでいる人がたくさんいます。

　しかし、被爆者への心ない差別という問題もあり、あえて被爆者手帳を持たないことを選択している方もいます。自分が被爆者であることを知られたくな

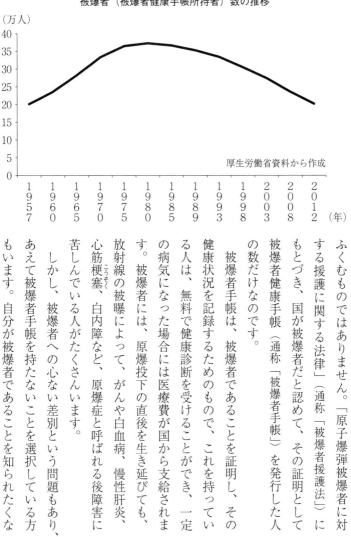

いということです。また、被爆者としての認定には、身内ではない二人の方の証言が必要ですが、戦後七〇年の経過の中で、証人を探すことが難しくなっているという問題も生まれていま す。年をとって、被爆者手帳を申請しようとしても、簡単にはそれができない事情が生まれているということです。

被爆の瞬間から数えて、すでに亡くなっている方はたくさんいるわけですが、今を生きている被爆者のみなさんも、こうした様々な困難と向き合いながら暮らしています。

被爆者に冷たい政府の姿勢

苦しみの原因は、被爆による病気や障害だけではありません。すでにふれたようなまわりの人々による差別もそうですし、さらには被爆者に対する政府の姿勢も大きな要因となっています。

被爆者が発症した病気や障害が、原爆の放射線の影響によるもので、これを治療する必要があると厚生労働大臣が認定した場合（これを原爆症認定といいます）、医療費は全額国庫負担となり、さらに月額一三万五〇〇〇円あまりの医療特別手当が支給されます。ところが日本政府は、多くの被爆者が原爆症の認定を申請しても、これを却下する姿勢を強く示してきました。

二〇〇一年には、全国に二五万人以上いた被爆者のうち、原爆症と認められた人は一パーセントにもならない約二二〇〇人だけでした。体調不良に苦しむ被爆者が、国を相手取って却下処分を取り消すよう求める裁判に訴えるなどして、ようやく、この問題には一定の変化が生まれましたが、それでも、二〇一四年三月現在、原爆症と認定された人は八七九三人にすぎず、被爆者手帳を持つ人のわずか四・五パーセントにとどまっています。

無抵抗な子どもやお年寄りを含む一般市民（非戦闘員）の無差別殺戮《さつりく》という意味で、アメリカによる原爆投下は、当時の法に照らしても戦争犯罪というべきですが、あわせて、敗北が誰の目にも明らかな中で、降伏（ポツダム宣言の受諾）を先延ばしした天皇と日本政府の判断が、広島・長崎へのアメリカによる原爆投下をもたらしたというのも事実です。あと半月早く降伏していれば、たくさんの被爆者の苦しみが生まれることはありませんでした。その点を考えると、被爆者に対する国家の法的・道義的責任はきわめて重いというべきでしょう。それにもかかわらず、原爆症の認定に今日の政府がとっているきわめて消極的な姿勢は、被爆者を今なお苦しめる大きな要因となっており、到底、理解できるものではありません。

被爆者にとって原爆症の認定は、医療費や医療特別手当の支給を得るために切実です。同時に、それだけでなく被爆者たちは、自身の体調不良が、原爆の放射線によるものであることへの国の認定を重視しています。そこには「二度と自分たちと同じような被爆者をつくってほしくない」という願いが込められています。国による原爆症の認定と被爆者への補償は、核兵器の非人道性を認めることにつながり、二度と被爆者をつくらないための努力につながると考えられているのです。

核兵器をめぐる日本政府の態度は、アメリカの「核の傘」に入ることで日本を守るとする政策をとっていることもあり、残念ながら、その廃絶を「究極」の課題として遠ざけるなど、きわめて消極的なものとなっています。国際社会でのこうした姿勢と、国内での被爆者への冷たい態度は、一体のものといえるのではないでしょうか。

被爆の歴史を現代にどう活かしていくか

被爆から七〇年がすぎ、原爆ドームやたくさんの慰霊碑を除けば、広島には、もはや原爆の被害を思わせる街の外観はほとんど残っていません。しかし、そのことは核兵器による被害が、二度と世界に起こらないことを保障するものではありません。

問題は被爆国・日本の政府の消極的な態度だけではありません。今も世界には、核兵器が一万数千発もありますし、これまでには、その使用が検討されたことが何度もありました。米ソ間の対立が深刻化したいわゆる「キューバ危機」(一九六二年)では、事態は核戦争の寸前まで進んだといわれます。また、アメリカは、朝鮮戦争ではマッカーサー司令官が核兵器の使用を求めましたし、ベトナム戦争ではニクソン大統領とキッシンジャー補佐官が、核兵器の使用で戦争を終わらせようとする準備や脅迫を何度も行ったことがわかっています。

さらに二〇一五年三月、ロシアのプーチン大統領は、ウクライナ南部のクリミア半島をロシアに併合した二〇一四年三月に、核兵器を臨戦態勢に置く用意をしていたと語って世界を驚かせました。大量に核兵器を保有する核大国は、相手の攻撃を防ぐための抑止の手段としてだけでなく、必要とあらば核兵器を積極的に使用するということを、今も考えているのです。

また、広島・長崎への原爆投下を戦争犯罪として認めないアメリカと日米軍事同盟を結ぶ日本政府は、アメリカとともに海外で戦争を行うための準備を進めています。アメリカの戦争犯罪を追及しない日本政府の姿勢は、かつての日本によるアジア・太平洋諸国への侵略と植民地支配、その中で行われた多くの非人道的な行為への反省を最小限にとどめようとする姿勢とも結びついているものなのでしょう。

アメリカの核兵器によって日本を守る「核の傘」の政策を取るということは、いざという時にアメリカが核兵器を使用することを期待する政策ですし、日本に「国防軍」を創設し、日本が攻撃されることがなくても、アメリカとともに海外で戦争することに道をひらく現在の自民党や日本政府の政策は、日本が核兵器使用を含むアメリカの戦争に加わる恐れを広げるものともなっています。

広島、長崎の苦しみを、あるいはビキニ環礁でのアメリカの水爆実験（一九五四年）による第五福竜丸など多くの漁船乗組員らの苦しみを、二度と繰り返してはならないということは、第二次世界大戦後の多くの日本人の心からの願いだったと思います。しかし、七〇年後の現代は、残念ながら、その願いが十分実現した社会になってはいません。核兵器は大量に生産されており、それを保有する国の数は増えています。平和を脅かす力は、日本政府の中にも強くなっています。

これに対して、核兵器の廃絶をめざす世界と日本の取り組みや、国連憲章の精神にもとづいて、世界から戦争をなくそうとする力も成長しています。現代は、今もなお、そういう力が衝突しあう歴史の段階にあるようです。その意味では、戦争と核兵器による被爆の体験は、今を生きる私たちに、それをどういう教訓として現在と未来に活かすのか。そのことを問いかけているように思います。以下、いくつかのトピックに分けて、私たちの学びを紹介してみます。

〔2〕原爆投下時に何が起きた?

広島にウラン型の原子爆弾（原爆）が落とされたのは、一九四五年八月六日、八時一五分のことでした。八月九日の長崎に落とされたものは、プルトニウム型の原爆で、戦後はこちらのプルトニウム型が主流となります。

八月六日の広島で

八月六日、午前一時四五分、原爆を積んだアメリカ陸軍のエノラ・ゲイ号が、南太平洋のテニアン島を飛び立ちました。広島では、午前七時九分に、米軍機の襲来を告げる警戒警報のサイレンが鳴りましたが、この時はアメリカ軍機一機が高高度を通過しただけだったので、警報は午前七時三一分に解除されました。その後、人々は仕事へ向かったり、学校へ行ったりと、戦争中という異常な環境下ではありますが、いつも通りそれぞれの一日を始めようとしていました。

しかし、そうして人々が、空への警戒を解いたその瞬間に、エノラ・ゲイ号は広島上空に入り込み、リトルボーイと呼ばれた原爆を、現在の同市中区にある相生橋《あいおいばし》を目標に投下したのでした。投下から四三秒後の午前八時一五分、相生橋の南東三〇〇メートルにある島病院（現在の島外科内科）の上空約六〇〇メートルで、リトルボーイは爆発し、強い閃光《せんこう》とともに数百万度の灼熱の火球を生み、一秒後にはそれを直径二八〇メートルにまで膨らませました。同時に大量の放射線を放出し、高熱で膨張させられた空気は大変な爆風を生み出しました。

五分後には、異常な空気の流れが「原子雲」をつくり出し、約一万七〇〇〇メートルに達する巨大なキノコ雲を立ち上げていきました。

当時の広島には、約三五万の人が暮らしていました。広島市によると、その中には、市民や軍人、建物疎開作業に動員された周辺町村からの人々、当時日本の植民地だった朝鮮や台湾、そして中国大陸からの人々が含まれ、中には強制的に徴用された人々もいたそうです。建物疎開というのは、空襲で火災が起こった時、軍などの重要施設に火が及ばないように、周辺に防火地帯を設ける目的で建物を撤去することです。

原爆のために亡くなった人の数は、実は今も正確にはわかっていません。放射線による急性障害が一応おさまった同年一二月末までに、広島では約一四万人が亡くなったと推計されています。爆心地から一・二キロメートルの地点では、その日のうちにほぼ五〇パーセントが死亡し、それよりも爆心地に近い地域では八〇～一〇〇パーセントが死亡したと考えられています。

「平和記念公園」の中にある「広島平和都市記念碑」（原爆死没者慰霊碑）には、広島市原爆死没者名簿が納められており、名簿には関係者の申し出により、毎年八月六日の奉納時に名前が書き加えられていますが、この名簿に記されている原爆死没者の数は、二〇一四年八月六日の奉納時には二九万二三二五人となっています。

また、平和公園の中央付近には、供養塔というお墓があり、そこには名前が確認できない約

広島・平和公園にあるたくさんの慰霊碑について、案内の二見伸吾さんに説明を受ける

七万人の方と、名前はわかるけれど引き取り手のない八一五人の方の遺骨が眠っています。広島市は、名前のわかる方については、毎年全国の自治体にポスターを送って探すことをお願いしており、最近では二〇一〇年にお一人の遺骨の引き取り手が見つかったそうです。

広島の三日後、八月九日には、長崎に原爆が投下されました。長崎の当時の人口は約二四万人でしたが、その年のうちに約九万人が、二〇一四年八月九日までに一六万五四〇九人が亡くなりました。

このように原爆はたった一つの兵器で、万の単位、一〇万の単位で人命を奪う兵器です。奪われる命に、戦闘員か非戦闘員か、赤ん坊か大人か、男か女かといった区別はありません。一瞬のうちにであれ、耐えがたい苦痛と障害で苦しめながら時間をかけてであれ、その下にいるものすべてを、根こそぎ「皆殺し」にしてしまう、本質的に犯罪的な兵器です。

熱線と爆風、衝撃波

原爆による被害の源は、熱線、爆風、放射線の三つに分けられます。原爆のような核分裂爆弾を三万メートル以下の高度で爆発させた場合、そのエネルギーの配分割合は、熱線三五パーセント、爆風五〇パーセント、爆発後一分以内に放出される初期放射線五パーセント、一分後以降に放出される残留放射線一〇パーセントになるといわれています。

熱線は、爆心地周辺の地表面を摂氏三〇〇〇～四〇〇〇度にするほどの強さでした。爆心地から一キロメートルの地点でも、一八〇〇度以上の高温で瓦の表面が溶けて泡状になるといったことが起こりました。爆心地に近い建物や木などは自然発火し、倒れた建物からも台所の火が燃え上がりました。爆心地から広島で一キロメートル、長崎で一・五キロメートル以内にいて身を隠すことのできなかった人は、皮膚の表面が黒焦げになるほどの火傷を負い、ほとんどが死亡しています。

爆心地から二キロメートル離れた地点では、爆発から三〇分後に火事嵐（火災旋風）が起こりました。大規模な火災にともなって中心部に毎秒一〇メートル以上のすさまじい旋風が吹き込み、火災がいっそう激しくなるという現象です。すさまじい炎が一日中上がり続け、爆心地から二キロメートル以内の建物はほとんどが全焼し、四キロメートル以内ではほとんどが半焼・半壊しました。

やけどによって体中の皮膚がむけ落ちてしまったり、生きながら焼かれて死んでしまう人(火災の犠牲者の六〇パーセントといわれます)もいました。平和記念公園内にある「嵐の中の母子像」は、炎の嵐の中で懸命に我が子を守り、生きようとする母の姿を表したものです。原爆ドームは鉄筋だけが残り、周りのコンクリートは高熱で溶けた状態になっています。近づくと、今も、人々の苦しみの声が聞こえてくるようです。

爆風による衝撃波は、一〇秒後には爆心地から三・七キロメートル地点に到達しました。その強さは、爆心地から五〇〇メートルの地点でも、秒速二八〇メートルというすさまじさでした。これに直接さらされた人は、全員が内臓破裂で死亡しました。内臓や眼球が飛び出してしまった人もいます。

木造家屋は倒壊し、その下敷きになって圧死する人も大勢いました。建物の下敷きになりながらまだ命があった人を、家族や周囲の人が助けようとしたものの、激しい火災が迫ってくるので助けられなかったという事例もたくさんあります。

衝撃波の後、真空状態となった爆心地に向かって空気が流れ込み、再び突風が起こります。これによってさらに被害は広がり、爆心地から二キロメートル以内の鉄筋コンクリート構造でない建物は全壊し、ガラスは細かく砕けてコンクリートの壁に突き刺さったりもしたそうです。こうして当時の広島市内の建物の九割が、壊滅的な被害を受けました。

放射線による殺戮も

爆発の二〇～三〇分後、巨大なキノコ雲は西向きの風にのって北西部へ流れ、爆発によって出たチリや火災で発生した黒いスス、そして大量の放射性物質を含んだ「黒い雨」を降らせました。地域によりますが、だいたい三〇分～一時間ほど降ったといわれます。この「黒い雨」により、爆心地から遠く離れた地域にいた人々も大量に被曝し、急性放射線障害で命を落とした人が少なくありませんでした。

爆発によって放出される放射線を、便宜上、爆発後一分を境にして初期放射線と残留放射線とに区別しています。一分後には火球が高く上昇し地表に到達する放射線がほとんどなくなるからです。初期放射線は、爆心地から約一キロメートル以内にいた人に致命的な影響を与え、多くの人は数日のうちに亡くなりました。

原爆がつくった火球は、地表に触れるとそこにあった物質を蒸発させます。爆風の吹き戻し

原爆で犠牲になった中学生の遺品。平和記念資料館に展示されているもの

も大量の破片、土などを吸い上げますが、こうして生み出された微粒子に放射性物質がくっついて、やがて地表に落ちてきます。放射性降下物と呼ばれるものですが、これが残留放射線の大半の源となりました。「黒い雨」もこうした放射性物質を含むものでした。また、初期放射線の中性子が地上の建築物や土壌などの原子核に衝突して吸収されると、その原子核は放射線を出す原子核に変わります。誘導放射化とよばれる現象で、爆心地に近い地域で問題になるのですが、これも残留放射線に分類されます。

初期放射線にせよ、残留放射線にせよ、放射線を大量に被曝すると、吐き気、食欲不振、下痢、発熱、頭痛、不眠、脱毛、吐血、血尿、血便、皮膚の出血斑点、白血球の減少などが起き、被曝が一定量を超えると命が奪われます。急性の放射線障害です。急性障害はその年の一二月までに終息したようですが、しかし多くの被爆者が、その後何十年も体調の悪化にさいなまれることになりました。がん（甲状腺がん、乳がん、肺がんなど）や白血病、慢性肝炎、心筋梗塞などを患ったり、深刻な倦怠感《けんたいかん》を訴えるなどの症状で、「原爆症」と総称される障害です。

救援などのために被爆後の広島や長崎に入った人々は、直接被爆していないにもかかわらず、残留放射線を被曝します。これを「入市被爆」といいますが、入市被爆者の中にはかなり大量の放射線を被曝した人もいて、急性障害で亡くなったり、後々まで原爆症に苦しむことになる人も少なくありませんでした。

当時、広島にいた人々の多くは、兵器としての放射線について多くの知識をもってはいませんでした。爆発を生き残った人が、回復せず日が経ってからさまざまな症状を訴えて死んでしまうのを、多くの人は「謎の死」と恐れ、不安に駆られてすごすことになりました。

〔3〕被爆者として「生きる」ことの大変さは？

原爆が投下されたあの日、奇跡的に助かった人たちがいました。本当に奇跡的な出来事です。

しかし、そうして助かった人の中には「生き残ってよかった」と思うことのできない人がたくさんいたそうです。「生きている意味がない」「死んだ方がましだ」と思う人がたくさんいたというのです。

原爆投下の頃、すでに学校では授業らしい授業は行われず、いまでいう小学校高学年以上の児童・生徒には、「勤労奉仕」の作業が当たり前となっていました。八月六日の朝、たまたま体調が悪く、学校を休んでいた高等女学校のある女生徒は、それによって命が助かりました。しかし、いつもどおり「集団作業」に向かった他の生徒は、残念ながら全員亡くなってしまいました。

被爆後、茫然《ぼうぜん》とした精神状態で、友人たちの遺骨や遺留品などの整理をしていた時、ある教師から「そこの生き残り、これを運べ」と言われたことがあり、その時、それを聞いた女生徒は「死のう」と思ったそうです。また、亡くなった生徒の親から、「うちの子は真面目に作業に行って死んだ。あんたの顔は見とうない」と言われたこともあったそうです。なんともやりきれない話です。原爆は人の命を奪うだけでなく、生き残った人々の心のつながりも奪ってしまうのです。

様々な理由で「死にたい」と

井上ひさしさんの「父と暮せば」という作品には、原爆に遭いながら生き残った主人公・美津江が、「あんときの広島では、死ぬるんが自然で、生きのこるんが不自然なことやったんじゃ。そうじゃけえ、うちが生きとるんはおかしい」と語る場面が出てきます。この作品は、たまたま生き残った主人公が、自分は幸せになってはいけないという思いを抱きながら生きていく様子を描いたものでした。

日本被団協（日本原水爆被害者団体協議会）が、一九八五年に「原爆被害者調査」を行っていますが、「こんな苦しみを受けるくらいなら、死んだ方がましだ」「いっそあのとき、死んでいた方がよかった」と思ったことがあるかという問いに、「かってそう思ったことがあった」と答えた人が一七・二パーセント、「かっても、今もそう思うことがある」と答えた人が四・七パーセント、「かつては思わなかったが、今、そう思っている」「そう思ったことがある」という人が合わせて二七・四パーセントもあったそうです。合計すると四九・三パーセントです。奇跡的に生き残ることができたにもかかわらず、半分近くの人が死にたいと思った、あるいは今も思っているというのです。

そのように思う理由は、様々です。障害の苦しさはもちろんですが、そのために働くことが

ゼミの広島訪問時に被爆体験を話してくださった大越和郎さん

できない経済生活の困難もあり、火傷によるケロイドは社会的な差別の「理由」にもされました。「原爆がうつる」とじゃまもの扱いされたことがある、被爆者であることを理由に結婚を断られ、あるいは離婚させられたなどの例も少ないものではありません。

さらに、被爆者の苦しみは、自分の子どもたちとの関係をめぐっても生まれてきます。妊婦が被爆し、胎児が被爆したことで、脳に障害をもって生まれてきたというつらい事例がありま す（現在の研究では、一〇〇ミリシーベルト以上の被曝があると、その危険性が増すということがわかっています）。このような場合、生まれた子どもの苦労はもちろんですが、「あの日、私が広島にいなければ」と悔やむ親の苦しみも、大変なものでしょう。

親が被曝したことが、直接には被曝していない子どもにも影響を及ぼすのかという点については、明確な因果関係は確認されていません。しかし、被曝とは別の要因によって障害や病気が現れる時にも、それを原爆につなげてとらえてしまう「不安」な気持ちは、被爆者の心からなかなか消えるものではありません。被爆二世・三世にも、そうした不安は長く残ってきました。

こうして原爆は、家族や友人の命を奪い、からだに深い傷を負わせ、それだけでなく、生き残ったという偶然を、亡くなった人への「負い目」のように感じさせ、また自分の子どもや孫の健康にも不安を持ち続けるという苦難を被爆者の人生に植えつけたのでした。私たちは、こういう苦しみ、悔しさ、不安の中に生きた／生きる被爆者の生涯をよく知り、伝え、心を寄せる気持ちを持ち続けるべきではないかと思っています。

〔4〕今も裁判をしているのですか？

認定基準に誤りがあることを断罪

原爆症の認定をめぐる訴訟は、今も行われています。原爆症というのは原子爆弾での被災による健康障害の総称で、「原子爆弾症」の略称です。被爆者全員が原爆による健康被害を被っているわけではありません。しかし、国が原爆症と認定しなくても、病気や体調不良に苦しんでいる被爆者はたくさんいます。〔1〕でもふれたように、約一九万三〇〇〇人の被爆者（被爆者手帳所持者）のうち、原爆症と認定されている人は四・五パーセントにとどまっています（二〇一四年三月）。原爆症としての認定を申請したものの、厚生労働大臣に却下された例が非常に多くあるのです。

却下された被爆者たちに残された道に、却下の取り消しを求める行政訴訟がありました。しかし、裁判となれば、被爆者は自身の被爆体験を、あらためて多くの人の前で明らかにしなければなりません。それは大変つらいことです。それによって、自分や家族がいわれなき差別を受ける心配も出てきます。また、被爆者には〔3〕でみた「負い目」のような感情もあり、自らの権利のために裁判を起こすことに、ためらいをもつ人も大勢いました。そうした事情のために、多くの被爆者が、申請却下の処分を、長く耐え忍んでいました。

しかし、その中で個別に訴訟を起こす人が現れます。二〇〇〇年七月、長い期間の裁判を経て、長崎の松谷英子さんが最高裁で、京都の小西建男さんが同年一一月に大阪高裁で勝利し、両方の判決が確定します。どちらの判決も、厚生労働省（当時は厚生省）による原爆症認定の基準に誤りがあることを断罪するという画期的なものでした。

本来なら、これを受けて厚労省自身が、原爆症認定基準の誤りを自らすすんで正すべきでした。多くの被爆者もそれを期待しました。ところが厚労省は二〇〇一年五月に、この判決の内容を無視するかのような厳しい認定基準を公表します。

それは、申請者の被曝線量を爆心地からの距離によって推定し、それと病気の種類、年齢、性別に応じて、原爆の放射線が病気の原因となった確率を計算して（「原因確率」と呼ばれます）、その確率が五〇パーセントを超えた場合には原爆症と認定し、五〇パーセント未満一〇パーセント以上であれば個別に判断、一〇パーセント未満であれば基本的に却下するというものです。この基準は、爆心地から二キロメートルより遠くには放射線が到達しなかったことを前提とするなど、それまで以上に、被爆の実態からかけ離れたものになっており（二キロメートル以遠で被爆した人たちにも、脱毛など原爆の放射線によるとしか考えられない被害はたくさん見られています）、その結果、最高裁で勝訴した松谷さんさえ認められないという「異常」なものとなっていました。

こうした国の理不尽な態度に、怒りを爆発させた被爆者たちは集団で、二〇〇三年四月以降、全国各地の裁判所で、国を被告として、申請却下の取り消しを求める行政訴訟を始めます。これは原爆症認定集団訴訟と呼ばれています。それは個々の被爆者の認定だけでなく、被爆の実態を正確に認識した、新しい認定基準をつくることをめざすものでもありました。

被爆者の願いに背を向け続ける政府

裁判の中で被爆者たちは、科学的な被爆の実態と厚労省の認定基準の問題点を明らかにし、結果的に三一の裁判のうち二九の裁判で国が敗れ、原告側が勝利しました。二〇〇七年八月、当時の安倍晋三首相（第一次安倍内閣）は認定基準の改定に言及し、それを受けて翌年、厚労省は新しい認定基準（「新しい審査の方針」）を公表・実施します。

しかし、事態は容易に改善されず、その後も認定申請の却下は続きます。二〇一〇年度には、七七・七パーセントの申請が却下されました。「新しい審査の方針」は、爆心地から三・五キロメートル以内で被爆した人や、原爆投下から一〇〇時間以内に爆心地から二キロメートル以内に入った人などが、がんや白血病、心筋梗塞、慢性肝炎・肝硬変、放射線白内障など、放射線が原因と診られる病気になった場合は積極的に認定するとなりました。ところが、心筋梗塞や慢性肝炎・肝硬変、甲状腺機能低下症については、「放射線が原因になっている」との条件があえて明記され、幅が狭められていたのでした。

これではだめだという指摘があって、政府内にも二〇一〇年から有識者検討会が設けられ、制度の見直しが進められました。そして、その結果を踏まえて、二〇一三年末にさらに新しい認定基準ができました。しかし、それによっても、認定者が増えるとは言い切れないのが実状です。

新しい認定基準は、がんや白血病などについては従来と同じで、心筋梗塞や慢性肝炎・肝硬変、甲状腺機能低下症については「放射線が原因である」との条件を削除しました。ところが、今度は、爆心地から二キロメートル以内で被爆した人、翌日までに一キロメートル以内に立ち入った人などと、被爆の範囲を狭めてしまいました。放射線白内障も爆心地から一・五キロメートル以内とされ、これも従来より被爆の範囲を狭めています。

さらに国は、内部被曝（被爆地の放射性物質を空気や飲食物を通して体内に取り込み、体内から被曝すること）の健康への影響はほとんどないという、現実離れした立場をとり続けてきます。

こうした国の姿勢は、被爆の実態を直視せず、被爆者たちの願いに背き続ける点で、残念な

大越和郎さんから被爆した時のことを伺うゼミ生

がら一貫したものとなっています。健康に不安を抱える被爆者にとって、本来、自分たちを守ってくれるはずの国家を相手に裁判を起こさねばならないのは、精神的にも、肉体的にも大変大きな負担です。

放射線の人体への影響については十分に解明されていない部分もあり、そもそも被爆者が浴びた放射線量が正確にわかっているわけでもありません。被爆者の高齢化も進んでいます。そうした中での原爆症認定の判断は、科学的な知見を基本におきながら、同時に、被爆者それぞれの被爆時の状況や、その後の健康状態の変化も踏まえて、総合的かつ柔軟に行われるようにするべきでしょう。政府には、あらためて真剣な対応を求めたいと思います。

〔5〕アメリカはなぜ原爆を投下した？

原爆開発から広島へ

一九四二年八月に、軍と科学者と産業界を総動員したアメリカの「マンハッタン計画」（原爆開発計画）が極秘のうちにスタートします。アメリカ政府は一九四四年九月に、この新兵器を日本に対して使用することを決定し、一九四五年春からは、どこに投下すべきかを検討する目標検討委員会を行いました。

一九四五年四月二七日の第一回会議で目標地域の選定基準が決まり、それにもとづいて、広島と長崎を含む一七の地域が候補対象地として選ばれました。その後、原爆投下の「効果」をより正確に測定することを目的に、アメリカ政府は、直径三マイル（約四・八キロメートル）以上の市街地を持つ都市に候補地を絞り込み、そこには通常兵器による空襲を禁止しました。

また五月には陸軍長官のもとに、原爆投下に関する政策事項を検討するための政治家・科学者・産業界の委員からなる「暫定委員会」が置かれ、六月に同委員会は、原爆を「労働者の住宅に囲まれた軍需工場に、事前の警告無し」で投下すべきと決めました。開発に携わった科学者の一部は、無警告の投下に反対したそうです。

そして七月二五日、トルーマン大統領は、広島、小倉、新潟、長崎のいずれかに対する原爆投下を命じました。最終的に、広島を第一目標とする命令が出たのは八月二日になってのことで、それは広島に連合国軍の捕虜収容所がないと判断されたからでした（たしかに収容所はありませんでしたが、捕虜はおり、結局、一二名のアメリカ兵が原爆によって命を失います）。

八月六日未明、マリアナ諸島のテニアン島から気象観測機が広島、小倉、長崎に向かい、その後、原爆を搭載したエノラ・ゲイ号と科学観測機、写真撮影機の計三機のＢ29が離陸します。そして第一目標の上空が晴れているとの連絡を受けたエノラ・ゲイ号は、広島に向かっていったのでした。

原爆投下の本当の動機

アメリカが日本に原子爆弾を投下したのは「日本がなかなか降伏しなかったから」といわれることがあります。アメリカ政府の公式見解も、「原爆の使用は、連合国側の数十万の生命だけでなく、文字通り何百万人もの日本人の命がさらに犠牲になるかもしれなかった戦争に終わりをもたらした」（R・ジョセフ元核不拡散担当特使、二〇〇七年）というものです。同じような認識は日本の自民党の中にもあり、久間章生防衛大臣は〇七年六月、「八月一五日に終わったから、北海道は占領されずに済んだが、間違えば北海道までソ連に取られてしまう。……原爆が落とされて……あれで戦争が終わったんだ、という頭の整理で今、しょうがないな、というふうに思っている」と講演しています。

しかし「戦争の早期終結」が、原爆投下の本当の動機だったわけではありません。仮になかなか日本が降伏しなかったとしても、一般市民（非戦闘員）を対象とした大量殺戮は決して許されるものではありません。非戦闘員の殺戮は当時も国際法違反でしたし、その後、一九九六年には、国際司法裁判所も、核兵器の威嚇《いかく》や使用を国際法違反と認めています。

アメリカが日本に原子爆弾を投下した動機の一つは、当時のソ連を含む他国に対し、使用可能で大変な破壊力をもつ核兵器の保有を誇示し、戦後の国際関係で優位に立とうとすることでした。

一九四五年二月の「ヤルタ会談」（米・英・ソの三国による）で、ソ連の対日参戦などとともに、大戦後の中欧や東欧での三国の利害調整について協議をしました。米ソ両国はこれ以後、互いの勢力圏をめぐる対立を深めていきました。

ソ連が日本に進駐するようになれば、日本をソ連と分割占領せねばならなくなるかもしれません。そのことを恐れたアメリカは、ソ連の対日参戦（実際には八月九日となりました）前に、日本との戦争に終止符を打ちたいと考えたのです。「原子爆弾の投下は、第二次大戦の最後の軍事行動であったというよりも、むしろ目下進行しつつあるロシアとの冷たい外交戦争の最初の大作戦の一つであった」（英国のP・ブラケット元マンチェスター大学教授）ということです。

日本への原爆投下には、さらに、もう一つの動機がありました。原子爆弾の威力を、実際に試しておきたかったということです。八月六日に広島に原爆が投下され、九日未明には日本の傀儡《かいらい》国家だった「満州国」に対するソ連の攻撃が開始されましたから、日本の敗北はすでに決定的となっていました。それにもかかわらず、アメリカは日本の降伏（八月一四日に「ポツダム宣言」を受諾）を待つことなく、むしろたたみかけるようにして、長崎の市街地に二発目の原爆を投下します。それはソ連参戦と同じ、八月九日のことでした。

広島に投下された原爆はウラン型、長崎に投下されたのはプルトニウム型ですが、二つの違うタイプの原爆を、それぞれ実戦で使用することで、両者の「効果」を確かめておきたかったということです。そもそも、一九四五年七月二五日のトルーマン米大統領による原爆投下の指令が、二種類の原爆を、準備ができ次第投下するよう命じるものでした。その意味でこれは、新兵器の効果を確認するための「人体実験」でもありました。兵器工場などの軍関係施設をねらうのでなく、市街地をねらって投下したのは、原爆の持つ殺傷能力をはかることが目的だったからでした。

原爆の投下とその後の開発の正当化

日本の敗戦後、「ポツダム宣言」にもとづき、連合国を代表して日本を占領したアメリカ軍は、広島と長崎に設置した「原爆傷害調査委員会」（ＡＢＣＣ）をつうじ、人体への放射線の影響を調べるために、被爆者を実験動物のように扱ってデータを集めました。しかし、そのデータを被爆者の治療や救援に活かすことはまったくありませんでした。

マンハッタン計画の副指導官だったファーレル准将は、一九四五年九月六日に来日し、放射線の深刻な被害を知りながら「広島、長崎では死ぬべき人は死に、九月上旬現在、原爆放射線のため苦しんでいる者は皆無だ」と公言しました。戦争終了後も人々を苦しめ、殺し続ける原爆の実態を世界の目から覆い隠したかったのです。さらに、ＧＨＱ（連合国軍総司令部）は、プレスコード（新聞統制基準）を強制し、新聞、雑誌などの出版物、映画、演劇などの中で、原爆について報じたり語ったりすることを禁じました。個人の手紙さえ検閲し、電話の盗聴も行うという徹底した言論統制ぶりでした。

次ページの写真は一九四八年に建立された、広島市立高等女学校の犠牲者を慰霊する石碑ですが、真ん中の少女が抱いている「$E = MC^2$」の公式は、アインシュタインが特殊相対性理論の中で明らかにした「エネルギーの大きさ」を表す公式です。占領下のプレスコードによっ

広島の平和公園にある市立高等女学校の犠牲者慰霊碑

て「原爆」と刻むことができないために、巨大な核エネルギーがもたらした悲惨をこの公式で示そうとしたものです。

先にジョセフ核不拡散担当特使の「連合国側の数十万の生命」を原爆が救ったとする発言を紹介しましたが、実際には、アメリカは九州への上陸作戦を行った場合のアメリカ軍の死傷者数を三万人程度と推定していました（一九四五年六月一八日のホワイトハウス会議用資料など）。しかし、アメリカ国内で原爆投下は不要だったのではないかという世論が強まった時、ヘンリー・スチムソン元陸軍長官は、「一〇〇万人の死傷者がでると知らされていた」と雑誌に書き（一九四七年）、さらに「原子力の平和利用」を訴えながら、その陰で核兵器の保有数を一〇倍以上に増やしたトルーマン大統領も、二五万、五〇万という戦死者の予想人数を持ち出すようになっていきます（一九五五年）。これらは原爆の投下とその後の開発の正当化を目的にしたものでした。

〔6〕核兵器は世界にいくつ？

核兵器保有への日本の潜在力

核兵器には核分裂によって発生するエネルギーを使う原子爆弾（原爆）と、核融合によるエネルギーを使う水素爆弾（水爆）の二種類があります。爆発の威力も広島や長崎で使われた原子爆弾の数百倍のもの（実験段階では数千倍といわれるもの）もあり、発射する方法や射程距離の違いなどによってもさまざまに区別することができます。

これらを一括して、現在、世界にはたくさんの核兵器が数えられ、主要五カ国（アメリカ、ロシア、イギリス、フランス、中国）だけで、合計一万六〇〇〇発以上と言われています（次ページの表）。五カ国以外にもパキスタン、インド、朝鮮民主主義人民共和国（北朝鮮）などが核

国ごとの核弾頭保有数

ロシア	8,000
アメリカ	7,300
フランス	300
中国	250
イギリス	225
パキスタン	100 ～ 120
インド	90 ～ 110
イスラエル	80
北朝鮮	6 ～ 8

出典：ストックホルム国際平和研究所による2014年版報告書

兵器を保有していると公表しており、さらにイスラエルは、公表していませんが保有しているといわれています。

このほかにも核兵器の開発・保有を疑われている国があり、また過去に開発・保有しようとした国もあります。核兵器の保有をめぐる競争（核軍拡競争）が激しかった一九八六年には、先の主要五カ国で七万発ももっていたそうです。その後、核兵器の廃絶を求める国際世論もあって、少しずつ総数は減らされてきました。しかし、依然としてこれに固執する国はあり、核兵器を保有するだけでなく、二〇一五年三月にロシアのプーチン大統領が述べたように、実際に使うことも辞さない構えでいます。いまなお新型核兵器の開発も続けられています。

日本でも、東京電力福島第一原発の事故後に高まった「原発ゼロ」の世論にかかわって、自民党の石破茂政調会長（当時）が、次のように発言しています（『SAPIO』二〇一一年一〇月五日号）。「核の基礎研究から始めれば、実際に核を持つまで五年や一〇年かかる。しかし、原発の技術があることで、数か月から一年といった比較的短期間で核を持ちうる。加えて我が国は世界有数のロケット技術を持っている。この二つを組み合わせれば、かなり短い期間で効果的な核保有を現実化できる」。

被爆国の政治家が核兵器の保有可能性を公言するというのは信じられない話ですが、このような政府の姿勢は長く一貫しており、たとえば「わが国の外交政策大綱」（一九六九年）には、「当面核兵器は保有しない政策をとるが、核兵器製造の経済的・技術的ポテンシャルは常に保持するとともに、これに対する掣肘《せいちゅう》を受けないように配慮する」との方針が明記されています。

なお、政府の「我が国のプルトニウム管理状況」（二〇一四年九月、内閣府）によれば、二〇一三年末、日本が保有する核分裂性プルトニウムの量は、国内に七三〇九キログラム、海外（使用済み核燃料の再処理を依頼しているイギリス、フランス）に二万四一三〇キログラム、合計約三一トンとなっており、これは核兵器を保有していない国としては最大となっています。アメリカのヒラリー・クリントン国務長官（当時）は、二〇一〇年に、核兵器一発あたりに必要なプルトニウムの量は四キログラムであることを示唆しましたが、そこから単純計算すると、日本は国内に保有する核分裂性プルトニウムだけで、約一八〇〇発の核兵器をつくることが可能です。

二〇一四年三月にオランダで開かれた核セキュリティ・サミット後の記者会見で、安倍首相に対して「日本や他国に危険をもたらしうるものを、なぜ持ち続けるのか」という質問が出てきたことも不思議なことではありません。

廃絶をめざす運動と核兵器への固執

そのあまりの破壊力、あまりの非人道性から、核兵器のない世界を望む多くの人がいます。それにもかかわらず核兵器がなくならないのはなぜなのでしょう。

「東西冷戦」の時代、米ソ両国は、「核戦争を抑止するため」として（「核抑止力」論）、核兵器の開発・保有を競い合っていました。仮想敵を上回る核戦力を持てば、相手国は報復核攻撃を恐れて核攻撃を思いとどまるはずだというのがその理屈ですが（英国のチャーチル首相が述べた〈恐怖の均衡〉）、それは結局、際限のない核軍拡競争を招き、むしろ核戦争の危険を増大させるものとなりました。

あわせて、それは核兵器の存在を前提とし、それを自衛のためにもつという考え方ですから、核兵器の開発・保有に走る国が増えることを防ぐことができないものでもありました。

核兵器に固執する国々に対して、その廃絶や核軍縮を求める取り組みがさまざまな形で行われています。第二次世界大戦後に出発した国際連合の第一回総会における第一号の決議は「原子兵器の禁止」を目指すものでした。核兵器をなくすという課題は、戦後の世界政治の原点というべきものだったのです。

「ヒロシマ、ナガサキ」についてのアメリカの報道統制にもかかわらず、草の根のレベルで被爆の実相は語り、伝えられ、反核平和運動は第二次世界大戦後に国際的な広がりをみせました。一九五〇年代には核兵器廃絶を求める「ストックホルム・アピール」（一九五〇年）を支持し、世界中で五億人が名をつらねる署名運動も行われました（日本でも約六四五万人が署名）。

一九五四年三月一日には、南太平洋のビキニ環礁でアメリカが行った水爆実験により、日本の多くのマグロ漁船が被曝する事件が起こります。中でも第五福竜丸の乗組員は、全員が「死の灰」を浴びたことによる急性放射線障害と診断され、その年のうちに一名が亡くなりました。この実験で使われた水爆「ブラボー」は、広島型原爆の一〇〇〇倍もの威力を持つものでした。

これをきっかけに、日本の核兵器廃絶を求める世論は盛り上がり、原水爆禁止署名は、一年あまりで当時の有権者の過半数となる三四〇〇万に達しました。こうした国民的な運動を背景に一九五五年八月六日、広島で第一回原水爆禁止世界大会が、翌五六年には長崎で第二回原水爆禁止世界大会が開かれます。これが現在も、毎年行われている原水爆禁止世界大会です。また同じ五六年には被爆者の全国組織である日本原水爆被害者団体協議会（被団協）も結成され、結成宣言である「世界への挨拶」で、原水爆禁止を強く訴えました。被団協は、犠牲者への国家補償と健康管理制度、遺家族への生活保障、根治療法の研究などを要求しました。

こうして国内外で、核兵器廃絶への世論と運動は強まりましたが、米ソ両国がそれぞれの同盟国を「核の傘」のもとにおく軍事ブロックをつくり、核兵器を独占していくという状況のもと、国際政治の場では核兵器廃絶という課題は長く棚上げされてきました。空中、海中、宇宙での核実験を禁止しながら、地下での核実験を許容した部分的核実験停止条約は、結果的にその技術をもっていた米ソの核兵器をむしろ増大させました。また、核兵器不拡散条約も米ソをはじめ「核兵器国」の核兵器独占を進めさせるものとなりました。米ソによる核軍縮交渉も行われましたが、互いが「核抑止力」論を捨てない現状では、そもそも多くを期待することができないものとなっています。

〔7〕核兵器はなくせるのか?

核兵器のない世界にむけた新しい前進

核兵器不拡散条約（NPT）は、一九七〇年に発効したもので、これには日本も参加しています。これは、核兵器を持つことが許される国（核兵器国）を、アメリカ、イギリス、フランス、ソ連、中国の五カ国に限り、それ以外の国（非核兵器国）が核兵器を開発したり、入手したりすること（拡散）を禁止するという条約です。非核兵器国は「自ら核兵器の開発や保有をしない」という条約上の義務を課され、またプルトニウムを生み出す原発などを持つ国は、国際原子力機関（IAEA）による査察を義務づけられています。

これは先の五カ国に核兵器の特権的な保有を認める差別的な条約ですが、第六条で、核保有国が「核軍備の縮小・撤廃」を進めることを約束しているために、多くの国がこれに参加しています。

一九九一年、アメリカとの間で、果てしのない核軍拡競争を繰り広げた大国・ソ連が崩壊しました。東欧の「衛星国」に対するソ連の支配の道具となっていた、ワルシャワ条約機構（WTO）も解体し、これらが核兵器をめぐる世界の状況を大きく変えるきっかけとなりました。アメリカ・ソ連をそれぞれの頂点とする「東西」の軍事同盟・軍事ブロックに参加しない国々でつくる非同盟諸国（およそ一二〇カ国・機構が参加）が、一九九二年の第一〇回非同盟諸国首脳会議で、米ソ対立消滅後の世界は、「核兵器のない世界」でなければならないと確認し、これを一定の限られた時間内で実現することを求めたのです。

NPTの加盟諸国は、条約の運営状況を検討する「再検討会議」を五年ごとに開いてきましたが、一九九五年の再検討会議は、それまでの会議とは大きく変わって、核軍縮がいっこうに進まないことを非同盟諸国が厳しく追及する場となりました。そして、二〇〇〇年の再検討会議では、すべての核兵器国が、核兵器廃絶の「明確な約束」を表明することになり、核兵器廃絶という課題が国際政治の舞台で急速にクローズアップされることになりました。

二〇〇五年の再検討会議では、アメリカのブッシュ政権が核兵器の使用に対する強硬姿勢を崩しませんでしたが、それでも廃絶に向けた運動の流れは途絶えませんでした。同じ会議で採択された最終文書は、「核兵器のいかなる使用も、壊滅的な人道的結果をもたらすことに強い懸念」を表明し、「核兵器のない世界の平和と安全を達成する」ことを確認し、さらにすべての国に「核兵器のない世界」を達成する「枠組み」を確立するための「特別の努力」を義務づけるものとなりました。この「枠組み」は、核兵器禁止条約のことを意味しています。

二〇一五年の再検討会議に向けた第二回準備委員会（二〇一三年）でも、「いかなる状況においても核兵器が二度と使用されないことに人類の利益がある。その唯一の保証は、核兵器を全面廃棄することである」とする「核軍縮の人道的側面に関する共同声明」が一六カ国の連名で発表されています。この共同声明は、同年一〇月の国連総会では賛同国が三四カ国に、また翌年四月の第三回準備委員会では八〇カ国にと次第に増え、二〇一五年には一五九カ国に達しました。オーストリア政府が主導した、核兵器を禁止する法的措置を求める「人道の誓い」への賛同も、一〇七カ国にまで広がっています。

二〇一五年の再検討会議では、アメリカやイギリスなど核保有国の強い反対により、最終文書を採択することができませんでしたが、「核兵器のない世界」に向けた参加国全体の議論と運動は、着実な前進を示しました。

孤立する核保有国、情けない日本政府

アメリカとイギリスは、二〇一四年に初めて、核兵器の人道的影響に関する国際会議に出席しました。また、これまでこの議論を拒否してきたフランスの代表が、二〇一五年の再検討会議でこれへの「理解」を表明するという変化も起こっています。

被爆の悲惨さをよく知る日本の国民からすれば、核兵器の非人道性はある意味で当然の共通認識といえますが、国際政治の舞台では、必ずしもそうではありません。「核抑止力」論は自国と世界の「平和」のためとされましたし、被爆の実相も十分知られてはきませんでした。それだけに、核兵器の非人道性を問うという視角からの運動と、これに対する核兵器保有国の反応は、核軍縮に向けた新しい流れにつながるものとして大きく注目されています。

核兵器の保有に固執する国々は、こうした動きに対して「大衆外交だ」「真の外交とは、今日の世界の現実に根ざしたものでなければならない」（ロシア）などと高飛車な態度をとったり、核兵器の非人道性を議論することに「遺憾」の意を表明する（アメリカ、イギリス、フラン

ス）などしていますが、これに対して、非核保有国の政府からは厳しい批判が相次いでいます。

二〇一三年九月に開かれた「核軍縮に関する国連総会ハイレベル会合」では、非同盟運動を代表してイランのロウハーニー大統領が、「核兵器の所有、開発、製造、取得、実験、貯蔵、移転、使用および使用の威嚇を禁止し、その廃棄をすすめる包括的な条約を早期に締結するための交渉を、軍縮会議で緊急に開始する」という提案を行い、これを含んだ決議が国連加盟国の三分の二を超える一三七カ国の賛成で採択されました。アメリカの「核の傘」に入り込む日本政府は、情けないことにこれに「棄権」の態度をとりましたが、核兵器禁止条約の交渉開始は、いまや世界が取り組むべき直近の課題として提起されています。

三度の被爆体験とそれにもとづく原水爆禁止にむけた強力な国民運動があるにもかかわらず、日本政府は、同盟国のアメリカに追随して、核兵器廃絶に消極的な姿勢をとり続けています。国連総会で日本は、核兵器禁止条約の交渉開始を求める決議や、核兵器使用禁止条約を求める決議などに、一貫して棄権の態度を表明してきました。

先にふれた「核軍縮の人道的側面に関する共同声明」に名を連ねることも一度は拒否しました。その理由は、「日本は米国の核の傘のもとにいるというアプローチをとっている。こうした核抑止の否定につながるものには賛同できない」（風間直樹外務大臣政務官、二〇一二年一一月二二日）というあからさまなものでした。

その後、二〇一三年一〇月の国連総会の際に、ようやくこの共同声明に名を連ねるようになりますが、それはアメリカの「核の傘」への依存をやめたからではありませんでした。菅義偉官房長官は、声明の中に「核軍縮のすべてのアプローチを支持する」という言葉が入っていることに注目し、これが「日本の考え」と一致するという意味のことを述べました。「すべてのアプローチ」だから、アメリカの核兵器への依存という日本の「アプローチ」にも合うという実に情けない、手前勝手な説明をしたのです。アメリカの核兵器に頼ることが「核軍縮」だなどという屁理屈は、世界の誰にも認められるものではありません。

こうした日本政府の態度は、国際社会の大きな変化の方向に照らしても、核兵器をなくしたいという被爆者と日本国民の悲願に照らしても、ますます厳しく問われることになるでしょう。

第３章　原発と原爆の関係を考える

石川康宏

二〇一五年度の三年生ゼミは「原発と原爆」を学習のテーマとしました。「原発」も「原爆」もそれぞれ大問題ですから、両方を一度に学ぼうというのは、いささか欲が深すぎたかも知れません。学びの到達点は、この本の他の諸章が示したとおりです。

しかし、ゼミでの学びには、他の章にまとめられていない問題もふくまれました。それが「原発と原爆の関係」です。これは、それぞれを学ぶこと以上に複雑な課題であり、ゼミでは十分にこなすことができませんでした。とはいえ、これはとても重要な問題ですので、ゼミで両者のどういう関係に注目したのかという問題意識を、簡単に紹介しておきたいと思います。

〔1〕はじめに原爆ありき、原子力発電も軍用から

ゼミで繰り返し視聴している映像の一つに、「未来への決断～ノーモア原発」（日本電波ニュース社、二〇一二年）があります。全五四分の映像ですが、その第二部「作られた安全神話」

の冒頭に、アメリカ政府が世界で初めてつくった原子炉である「シカゴパイル一号」の話が出てきます。その場面のナレーションは、こんな具合になっています。

シカゴパイル一号
「シカゴ大学の一角に、人類史上初の臨界を記念したモニュメントがあるという」

「原子爆弾によるキノコ雲と頭蓋骨を模した奇妙な記念碑」

「その人類初の臨界実験を描いた一枚の絵がある」

「臨界」というのは、原子炉の中で、核分裂の連鎖反応が一定の割合で継続するようになることです。

「極秘に行われた実験は写真撮影が禁止され、後に、参加者の証言をもとに、この一枚の絵だけが残された」

この絵は、現在シカゴ歴史博物館に収められているそうで、核分裂をコントロールするための制御棒の出し入れを、直接に人間の手で行っている様子もわかります。

「この時、原子炉からある物質が生み出された」

「核爆弾の材料となるプルトニウムだ」

シカゴパイル1号の初臨界の様子を記録した絵が残っている（日本原子力学会『原子力がひらく世紀』から引用）

この間、わずか二分程度なのですが、ここには原発と原爆の関係に関する、いわば歴史的な原点というべきものが示されています。一九四二年一二月二日、こうしてシカゴ大学のフットボールスタジアムの地下（当時）で、プルトニウムが製造されたのは、アメリカ政府が原爆の製造を目ざしたマンハッタン計画の一環としてでした。

つまり、原子炉は、そもそも発電のためにではなく、核兵器の材料づくりを目的としてつくられたものでした。原発は、原爆製造に必要とされたこれらの設備や技術をその後、発電のために転用したものので、これが両者の関係の原点です。

同時に、この関係は、原発が各地に普

及した現代の世界に、とてもやっかいな問題をもたらしました。それは、シカゴパイル一号が生み出したのと同じように、原発の使用済み核燃料からは、プルトニウムを抽出することができ、一定の技術が整えば、それをもとに核兵器をつくることが可能だということです。

それは現代日本の原発にとっても同じであり、私たちは、原発を巨大な発電設備ととらえるだけでなく、同時に、核兵器の製造に直結しうる、潜在的な軍事設備としてもとらえる必要があるのでした。

アメリカの発電は原子力潜水艦が出発点

もう一つ、この映像は、二〇一一年に事故を起こした福島第一原発が、もともと原子力潜水艦用の発電装置を原型としたものであり、それに由来する構造的な欠陥をもっていたという、元GE（ゼネラル・エレクトリック）社の技術者であるデール・ブライデンボウ氏の証言を紹介しています。

ブライデンボウ氏は、〝格納容器が小さく、そこに大量の水蒸気が流入した時、圧力抑制プールが壊れる可能性が高くなっていた。そのことを理由に同型（マークI型）の原発の稼働停止を求めたが、それではGE社の「原子力ビジネス」が終わりになってしまうと、上司に拒絶された〟と語ります。実際にも、福島第一発電所の一号機は、これが原因で壊れてしまったと考えられています。

広島、長崎に原爆を投下し、その後、水爆にまで核兵器の開発を進めたアメリカが、原子力エネルギーを最初に発電に使用したのは、アメリカ海軍の攻撃型潜水艦「ノーチラス号」の動力としてでした。この潜水艦は、船体をゼネラルダイナミクス（ＧＤ）社が、原子炉をウェスチングハウス（ＷＨ）社が製造しましたが、核兵器から発電への原子力エネルギー利用の転用も、このような軍事利用を直接の動機とするものでした。

潜水艦の開発は、敵に見つかりづらくするために、燃料補給などによる浮上回数を少なくすることを重要な課題とします。そのような課題の達成にかなうという理由で、原子力発電が採用されたのでした。世界初の原子力潜水艦となったノーチラス号は、一九五四年に進水し、一九五五年に初めて原子力での航行に成功します。そして一九五八年には、同じく世界で初めて北極点を潜行したまま通過することで、その高い水中活動能力を証明したのでした。

一九五四年のオブニンスク原発（ソ連）、一九五六年のコールダーホール原発（イギリス）に次いで、アメリカが陸上で原発を稼働させたのは、一九五七年のシッピングポート原発が最初でした。ここで採用された加圧水型軽水炉は、ＷＨ社がノーチラス号に搭載したものを原型としたもので、これはいわば海の原発を陸に揚げたというものでした。

同じ時期に、先のブライデンボウ氏が勤めていた、ＧＥ社も潜水艦向けの原発開発をすすめますが、こちらは実用化には至りませんでした。しかし、その後、ＧＥ社は、ＷＨ社に対抗して沸騰水型軽水炉を開発し、ＷＨ社と並ぶ原発メーカーとして成長していきます。

日本には、一九六〇年代に、関西電力がＷＨ社の加圧水型を、東京電力がＧＥ社の沸騰水型を採用するというように、両社の原発が大量に導入されてきます。事故を起こした福島第一原発の一号機から四号機は、ＧＥ社が潜水艦向けに開発したものを原型とした格納容器の小さなマークⅠ型のものでした。

後に、その改良型もつくられますが、もともと民生用として安全を重視してつくられたものではないという技術的な制約は、福島の事故に際しても重要な要因の一つとなりました。

〔2〕アメリカの核軍拡戦略が生み出した原発大国・日本

日本の核兵器アレルギーを標的に

原発と原爆の関係については、発電に代表される原子力エネルギーの「平和利用」という呼びかけが、水爆の開発や核兵器の増産、軍事同盟諸国への核兵器の配備、核兵器使用への世界のアレルギーの払拭《ふっしょく》といった、アメリカの核軍拡政策を遂行する「隠れ蓑《みの》」として位置づけられたことも重要です。

アメリカのアイゼンハワー大統領は、一九五三年一二月の国連総会で「原子力の平和利用」を、世界に向けて呼びかけました。その背景にあったのは、一九四九年の原爆実験によって核兵器の開発でソ連に追いつかれたアメリカが、ソ連を包囲する形で、NATO（北大西洋条約機構）、SEATO（東南アジア条約機構、一九七七年解散）、CENTO（中央条約機構、一九七九年解散）、日米安保条約、米韓相互防衛条約などを締結した同盟国に核兵器を持ち込もうとしたのに対して、各国世論が核兵器への強い抵抗を示したということでした。

そこでアメリカ政府は、核兵器の使用に対する各国のアレルギーをどのようにして払拭するかを話し合い、原子力の「平和利用」を進めることで、原子力そのものへの心理的抵抗を小さくし、それによって原子力の軍事利用に対する抵抗も小さくするという戦略を打ち立てたのです。その中で「平和利用」の中心的な手段と位置づけられたのが原子力発電であり、これに「ビジネス」として飛びついた原発メーカーとの相互促進作用もあって、原発の開発と普及は急速に進められていきます。

この時、最大の標的とされたのが、ほかならぬ日本でした。広島、長崎への原爆投下を体験し、さらに一九五四年三月にマーシャル諸島のビキニ環礁で行われたアメリカの水爆実験により、第五福竜丸をふくむ多くのマグロ漁船の被曝を体験した日本には、一九五五年八月六日の広島で、第一回の原水爆禁止世界大会を開催するに至る強い反核のエネルギーが渦巻いていました。

最大の抵抗者である日本を抑え込めば、世界の世論は容易に封じることができる。そう考えたアメリカ政府は、一九五四年には日本への原発輸出の検討を開始します。また、一九五五年には日本の原発第一号を広島に建設するという法案（シドニー・イエーツ議員提出）も検討されました。結局これは、アメリカが広島への原爆投下を謝罪したものと受け取られかねないという理由で実現しませんが、日本の世論を変えるための議論は、このように執念深く行われました。

一九五三年から六一年までのアイゼンハワー政権期に、アメリカの核保有数は二〇〇〇発から二万二〇〇〇発に急増し、第五福竜丸を被曝させた初めての水爆実験は、国連での「平和利用」演説からわずか三カ月後のことでした。また同演説には、これ以上多くの国に核兵器を拡散させず、少数の国でこれを独占したいという、後のNPT（核不拡散条約）体制につながる意図も込められました。

核兵器を自由に使いたいというアメリカの軍事戦略上の思惑が、原発を、日本を含む世界に拡げる強い動因だったということです。

全国一〇カ所での原子力平和利用博覧会

「平和利用」をかかげながら核軍拡を進めるアメリカと密接に連絡をとりながら、日本への原発導入に道を開いたのは、日本への原発導入を切り札に首相の地位を目指そうとした、読売新聞社主の正力《しょうりき》松太郎でした。一九五五年五月、正力は、原子炉メーカー・ゼネラルダイナミクス（GD）社の社長ジョン・ホプキンスを含む「原子力平和利用使節団」を招いて大規模な講演会を開催し、これを読売新聞の紙面で報道するとともに、自分が社長だった日本テレビでも大々的な中継を行いました。

そして一九五五年一一月の東京都を皮切りに、五七年八月に終わった富山県高岡市まで、全国一〇カ所で「原子力平和利用博覧会」を実施します。五六年五月〜六月には、広島県、広島市、広島大学、中国新聞、広島アメリカ文化センターが主催者に名を連ねた広島での博覧会が、五五年に開館されたばかりの「広島平和会館原爆記念陳列館」（今日の「平和記念資料館」）で開かれました。この時、同館にもともと展示されていた被爆の実相を示す展示品は、近くの公民館に移動させられ、この博覧会には三週間で一一万人の来場者が集まりました。

アメリカ国務省の広報文化交流局（USIS）が行ったアンケートは、これらの取り組みによって原子力に対する各地の市民の抵抗感はかなり薄れ、中でも最も大きな変化を見せたのは広島市民の世論だったとしています。

一九五五年にはじめて衆議院議員となった正力は、翌一九五六年には政府の原子力委員会の初代委員長に、つづいて初代の科学技術庁長官に就任します。しかし正力は翌年、日本への原発導入を急いで、原発第一号にイギリスのコールダーホール型を採用します。そしてこの前後から、正力とアメリカの関係は疎遠となり、アメリカ製の軽水炉が次々と日本に上陸するのは、正力が政権中枢を去ってからのこととなっていきます。

一九六六年の福島第一原発一号機の契約を最初に、GE社と東芝・日立、WH社と三菱重工という日米大企業間の連携がつくられるようになり、巨大化した原子力産業は、さらに電力会社、原発メーカー、ゼネコン、銀行などを中心とする経済界、政府、マスコミや一部の学者から成る「原発利益共同体」を形成し、協力して市民の中に「原発安全神話」を浸透させていきました。

こうして結果的に、核兵器の使用に対する国民のアレルギーを大きく揺るがすことはできなかったとしても、核軍拡を目指したアメリカの「原子力の平和利用」政策は、日本を短期間のうちに、アメリカ、フランスと並ぶ世界の三大原発大国の一つに育てあげたのでした。

〔3〕核武装の能力を維持するために

日本は、NPTでいうところの「非核兵器国」にもかかわらず、ただちに核兵器に使用できる核分裂性のプルトニウムを大量に保有しており、しかも使用済み核燃料の再処理施設の建設を許された例外的な国家となっています（ただし、青森県六ヶ所村に建設中の再処理工場は、完成時期が一九九〇年以降、二一回も見直されており、今も完成のめどはついていません）。

他方で、福島第一原発の事故の後、「原発ゼロ」を求める市民の声の高まりを前に、自民党の石破茂政調会長（当時）は「核の潜在的抑止力を持ち続けるためにも、原発を止めるべきではない」という趣旨の発言を繰り返しました（二〇一一年八月一六日放映のテレビ朝日「報道ステーション」ほか）。

原発と原爆の関係を考える時、この「核の潜在的抑止力」を保障する手段としての原発という問題についても注目が必要です。

岸信介の核兵器保有合憲論

戦後日本の政治家にあって、「核兵器合憲論」をいち早く唱えたのは岸信介《のぶすけ》首相でした。岸は、一九五七年五月七日の参議院内閣委員会で、「学問上もしくは技術上核兵器と名がつくのだということで、これがすべて憲法違反になるという解釈をすることは、憲法の解釈としては行き過ぎではないか」「ただ単に核兵器といわれたから、一切いけないのだと解釈することは憲法の解釈としては適当ではないだろう」という内容を述べ、自衛の範囲内なら核保有も合憲との見解を打ち出しました。この時の原子力委員長および科学技術庁長官が、先の正力松太郎です。

一週間後の一四日、岸は、外務省記者クラブの会見で、さらに自説を次のように展開しました。

「一、原水爆のような大量殺傷兵器が憲法違反であることはもちろんであり、政府としてもこれを保有する考えはない。米国の原子力部隊駐留の申し出があれば断るし原子爆弾を持ち込むことも今は考えてない。

一、しかし核兵器そのものも今や発達の途上にある。原水爆もきわめて小型化し、死の灰の放射能も無視できる程度になるかもしれぬ。また広義に解釈すれば原子力を動力とする潜水艦も核兵器といえるし、あるいは兵器の発射用に原子力を使う場合も考えられる。といってこれらのすべてを憲法違反というわけにはいかない。この見方からすれば現憲法下でも自衛のための核兵器保有は許される。

一、実力のない自衛は無意味である。兵器は現在も技術的、科学的に進歩しているが、日本も近代戦に対処しうる有効な自衛力を持たねばならない。将来通常の兵器は役に立たなくなる場合も考えなければならない。

一、日本が原水爆実験に反対しているのは死の灰など全人類に影響を及ぼすおそれのある大量殺傷兵器だからである。したがって自衛の範囲の核兵器を保有してもよいということは、実験反対の立場と矛盾しない」。

この発言にはただちに国会での批判がありましたが、岸は「今日核兵器を持とうとは思ってないし、自衛隊を核装備しようとは考えていない」と反論し、憲法解釈としては合憲だが、現時点では「非核」の政策をとるとの姿勢を示したのでした。

さらに岸は、一九五八年一月に東海村の原子力研究所を視察したことに関連して、自身の『回顧録』に、次のように書いています。

「原子力技術はそれ自体平和利用も兵器としての利用もともに可能である。どちらに用いるかは政策であり国会意思の問題である」「平和利用にせよその技術が進歩するにつれて、兵器としての可能性は自動的に高まってくる。日本は核兵器を持たないが、潜在的可能性を高めることによって、軍縮や核実験禁止問題などについて、国際の場における発言力を強めることが出来る」。

これらは先に見た石破氏の発言の源流になるものといっていいでしょう。

非核三原則の裏側に

岸内閣の後、池田勇人内閣をはさみ、一九六四年一一月、中国による核実験の成功直後に首相となった岸の弟・佐藤栄作も、兄と同じ核武装論者でした。「個人的には中国が核を持つなら日本も持つべきだと思う。しかし、国民の国内感情と違うので私的にしか言えない」と、佐藤は一九六五年の渡米の際に発言しています。

しかし佐藤は、アメリカ政府や日本国内の世論が日本の核武装を許すものでないとの認識をもっており、そこで現実的な選択として、アメリカの核兵器に日本の安全を委ねる姿勢を明らかにしていきます。一九六七年には「核兵器を持たず、作らず、持ち込ませず」という非核三原則を明確にし、六八年には核政策の四本柱として、非核三原則、核兵器の廃絶・核軍縮、アメリカへの核抑止力依存（アメリカの「核の傘」に入る）、核エネルギーの平和利用（原発の推進）を表明しました。

他方、佐藤内閣の時期には核保有についての様々な調査研究も行われました。第2章に、「わが国の外交政策大綱」（一九六九年）の一部を紹介しましたが（九五ページ）、藤田祐幸『長崎県立大・科学史 藤田祐幸が検証する 原発と原爆の間』（本の泉社、二〇一一年）は、この他に、①安全保障調査会による一九六七年と一九六八年の『日本の安全保障―一九七〇年への展望』（論文「日本の核武装について」、「核武装の技術的可能性」、「わが国の核兵器生産潜在能力」などを含む）、②「わが国における自主防衛とその潜在能力について」（右の「わが国の核兵器生産潜在能力」に資料や情報を増補したもの）、③「日本の核政策に関する基礎研究」（内閣情報調査室）などを紹介しています。そこには「核兵器製造の経済的・技術的ポテンシャル」の保持という根本姿勢が共通していました。

その後も、たびたび日本政府は、核兵器の保有が憲法によっては「禁じられていない」という判断を示しています。一九七八年三月一一日の参議院予算委員会で、真田秀夫内閣法制局長官は「自衛のための必要最小限度を超えない範囲にとどまるものである限り、核兵器、通常兵器を問わず保有を禁ずるものではない」、しかし「政策として非核三原則により核兵器を保有しない」と述べました。また、一九九八年六月一七日の参議院予算委員会では、大森政輔内閣法制局長官も「憲法上我が国を防衛するために必要最小限にとどまるならば、核兵器の使用も可能であるということに論理的にはなる」と述べています。

二〇一四年三月、オランダのハーグで開かれた核セキュリティサミットでの記者会見で、安倍晋三首相は多くのプルトニウムを国内に保有する理由を問われましたが、そこには「非核」の政策をとる一方で、核兵器保有の選択肢を決して手放そうとしない日本政府への不信が現われています。日本政府は多すぎるプルトニウムの活用法として、高速増殖炉「もんじゅ」での燃料としての使用と、通常の原子炉でのMOX燃料（濃縮ウランとプルトニウムの混合燃料）の使用を掲げてきましたが、「もんじゅ」は事故続きでまったく稼働のめどが立っていません。

なおアメリカの「核の傘」に入ることと、非核三原則の「持ち込ませず」はそもそも両立するものではありません。NHKの「こうして〝核〟は持ち込まれた～空母オリスカニの秘密」（二〇〇八年放映）は、ベトナム戦争時にオリスカニが、六〇発ほどの核兵器を積んで日本各地に寄港していたことを明らかにしていますし、沖縄返還の際に佐藤首相は「核抜き、本土並み」を表明しましたが、それは「緊急時の核持込み」を許可する密約を結んだ上でのことでした。

以上のように日本政府による原発推進の姿勢は、明らかに核兵器保有の潜在的な可能性を保持するという軍事政策に支えられたものとなっています。

〔4〕原発輸出とアメリカの核政策

最後に注目しておきたいのは、福島第一原発の事故以降、アメリカが日本の原発政策の継続を強く求め、また日本の原発輸出を強く後押ししていることに関わる、アメリカの「原子力エネルギー」政策の問題です。

国内第一号の東海発電所一号機を除き、日本の原発はすべてがアメリカから導入された軽水炉で、原発の稼働に必要な濃縮ウランについても多くをアメリカからの輸入に頼らざるを得ませんでした。そのため使用済み核燃料の再処理についても、日米原子力協定にもとづく強い規制を受けることになりました。

ＮＨＫが一九八五年に放映した「追跡・核燃料輸送船」は、フランスのラ・アーグ再処理工場から一八九キロのプルトニウムを持ち帰る専用船・晴新丸の航海を追跡したものですが、そこでは、日本側が、この輸送についてアメリカの承認を得るには、四年の年月がかかったとされています。さらに晴新丸は、公海ではアメリカ軍の護衛艦六隻による護衛を受け、アメリカの軍事衛星との連絡を義務づけられていました（こうした使用済み核燃料の再処理に関する規制は、一九八八年に日米原子力協定が改定されるまで続きました）。

日米原発メーカーの力関係には、一九七九年三月のスリーマイル島での原発事故により、アメリカ国内での原発建設が完全にストップしたことを契機に一定の変化が生まれました（新規原発の建設はオバマ政権で再開され、現在五機が建設中）。ここからアメリカの原発メーカーは、日米共同での海外展開を大きな課題とする方向に変化します。しかしアメリカにとって、原発事業の海外展開には、核兵器不拡散政策との整合性が必要でした。

新興工業国の成長により世界の電力需給が逼迫《ひっぱく》するなかで、この問題に大胆な回答を与えたのが、二〇〇六年二月六日に、アメリカ・エネルギー省が発表したＧＮＥＰ（国際原子力エネルギー・パートナーシップ）でした。これは、内外で原発の普及と推進を促進しながら、同時に使用済み核燃料の処理問題と核物質の不拡散を追求しようというものです。具体的には、世界各国を「核燃料供給国グループ」と「原子炉使用国グループ」に分け、ウランの濃縮や再処理などは前者のみに許可するとし、後者には原子力発電以外に原子力エネルギーの取り扱いを許さないというもので、ここでアメリカは、「核燃料供給国グループ」に、アメリカ、イギリス、フランス、ロシア、中国というＮＰＴが規定した「核保有国」の他に、唯一、日本を追加しました。

アメリカは、日米共同で世界に原発輸出を拡げながら、「核燃料供給国グループ」が、燃料供給から核燃料サイクルにもとづく再処理、最終処分までを管理することで、核兵器の拡散を防ごうとしたのです。ただし、これを成功裏に追求するには「新型原子炉の生産」と「核燃料サイクル」の実現が不可欠だと判断して、アメリカはそのために日本を「核燃料供給国」の一員としたのでした。

同年五月に、さっそく日米両政府は、アメリカにおける核燃料サイクル施設の共同設計、「常陽」（高速増殖炉の実験炉）と「もんじゅ」を活用した核燃料再処理の推進、原子炉のコンパクト化、ナトリウム冷却炉用主要大型機器の共同開発の推進などで合意しました。これに対応して、同じ二〇〇六年、東芝によるWH社の買収、日立製作所とGE社での合弁企業の成立、三菱重工とフランスのアレバ社との協調など企業レベルでの国際連携も一挙に進められました。

安倍内閣は、福島第一発電所での事故収束のめども立たないうちに、原発を目玉とするプラント輸出を「成長戦略」の一環に位置づけて、ベトナム、アラブ首長国連邦、トルコ、インドなどへの原発の売り込みと関連する原子力協定の締結を進めてきましたが、それは日本の原発メーカーやプラント建設企業の要請に応えるだけでなく、アメリカ企業と世界最大の「核兵器国」アメリカの要請にしたがうものともなっています。

広島、長崎、ビキニ環礁と三度の被爆を体験し、さらに福島の原発でも世界最悪級の事故を体験した日本の政府が、核兵器の独占的な保有に固執するアメリカの核政策に追随し、「ビジネス」のためになりふり構わず原発輸出を進めるということは、はたして許されてよいことでしょうか。国民が主権者として大きな声をあげるべき問題が、ここにも横たわっています。

〔参考文献〕

①有馬哲夫『原発と原爆』（二〇一二年、文春新書）
②太田昌克『日米〈核〉同盟』（二〇一四年、岩波新書）
③鈴木真奈美『日本はなぜ原発を輸出するのか』（二〇一四年、平凡社新書）
④藤田祐幸『長崎県立大・科学史　藤田祐幸が検証する　原発と原爆の間』（二〇一一年、本の泉社）
⑤本田浩邦「なぜ安倍政権は原発推進をやめないのか?」（『季論21』二〇一三年秋号、本の泉社）

第4章　あの場に行ったからこそ見えたこと〈ゼミ生座談会〉

〔1〕いつのまにかの思い込みに気づかされた

石川　実際に福島へ行って、いろんなことを見聞きしたけれど、どんなことが印象に残ったかな。それぞれ、あの場に行ったから見えたこと、わかったことがあると思うのだけど。

新野　相馬市で漁師さんにお話をうかがった時、そもそも私は、「試験操業」という形ではあっても漁業が再開されてるっていうことを知りませんでした。海が放射能に汚染されてしまい、漁業は難しいんだろうなといつのまにか思い込んでいたんです。でも、時間とともに線量は下がって、放射性物質が潮に流されて——そのこと自体は問題だと思いますけど——沿岸部の漁業への影響は減っていて、それから漁師さんや福島県の水産課のみなさんたちが試験操業で捕れた魚をとても厳重に検査しておられて、市場に出回るのは安全なものだけだと聞いて驚きました。試験操業については、テレビでの報道もあったのかも知れないけれど、関西ではそう大きく取り上げられたわけでもないでしょう。お話

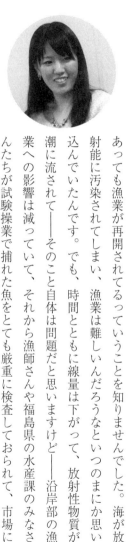

を聞いてよかったなと思いました。

山下　詳しく知る努力を意識的にしないと、わからないことが多くなりますよね。私も正直、福島県では漁業はもうダメなんだろうと思い込んでいた。もっというと、福島での事故自体を「過去のこと」「以前の出来事」と決めつけていたところがあったかも知れない。でも考えてみたら当然なんだけど、被災した場所は人が住んでいた場所で、そこに暮らし続けたいと思う人、生まれ育った地域に強い愛着をもっている人がいる。だから復興のために、すごく努力をしてるんだよね。話を聞かせてくれた漁師の方は、時期によるのだろうけど、今は週二日だけシラス漁をしていると言われていた。ようやくそこまで辿《たど》り着いたんだと言われていた。そういう努力や変化も知らないで、単純な思い込みをもったまま福島に行ったのが恥ずかしかった。

自分が住んでいる同じ社会で

新野　漁師さんたちは、安全・安心な魚を届けるためにすごくがんばってるのに、そういう思い込みや、「風評被害」でそれが受け入れられないのは悲しいことだと思った。

松沢　私も以前は福島の魚は危ないかな、と思っていたから、あらためて事実をちゃんと確かめないとダメだなと思わされた。福島に行って、食べ物の放射線量をしっかり計ってるという話や、基準に照らして、安全なものしか流通させていないという話を聞いて、「あ、そんなにちゃんとしてるんや」って思った。旅行のあいだに、魚も野菜もお米もいっぱいおいしく食べたしね。

鳥井　たしかに関西にいると、被災地のニュースはあまり入ってこないかも。だから現場がどうなってるのかわからないまま、いつのまにか、被災直後の「大変だ」というマイナスのイメージだけを持ってしまっていた気がする。今も大変なことはたくさんあるのだけど、その中で安心して暮らせる環境をとりもどす努力はたくさん行われていて、それが実際に現実を前向きに変えているところもある。そういう情報が入ってこない。

浪江町役場の蒲原文崇《かんばらふみたか》さんと小林直樹さんに、浪江町をいろいろ案内していただいたけど、駅のあたりは、町並みがとてもきれいなのに人がほとんどいなかったよね。まだ人が住むことは許されてないから当たり前なんだけど、それを見て私、「やっぱり復興って進んでないんですね」とぽろっと言ってしまった。そうしたら蒲原さんが、「でも、これでも瓦礫《がれき》はなくなったし、ちょっとずつでもお店が再開したり、ずいぶんよくなっているんだよ」と言われたんです。

ほかにも「大変だ」というイメージをもとに蒲原さんにいろいろ質問した気がするけど、蒲原さんから返ってくる言葉は、少しずつでも前向きな変化があるとか、プラスのことばかりだった。もちろん、まだ残っている問題は大きいから、単純にはいえないけど、それでも自分の見方が、被災直後の状況をそのまま固定化させたものだったんだなと、その時気づかされた。そのことが福島ではいちばん印象に残ったかな。

中村　福島から帰ってきた後に気がついたんだけど、私の周りにも福島産の農産物や魚はもう食べられないと思ってる人がたくさんいる。メディアやネットに根拠のない情報が流れていたり、ひょっとすると古い情報だけが流れていたりすることの影響かもしれないけど、事実を、状況の変化もふくめてきちんと知るのは大切だよね。

浅原　蒲原さんや小林さんには、海の近くの請戸《うけど》地区も案内してもらったよね。津波の被害がとても大きかったところ。ちょっと別の話になるんだけど、私はあの一帯の様子がすごく印象的というか、衝撃的に頭に残った。

津波のために、建物はほとんど残っていなくて、あるのは広い草むらと瓦礫ばかり……。陸地なのに船が転がっていたり、請戸小学校も壁が落ちたり、天井がはがれたままになっていて。正直、思っていたより何倍もひどいんだなと思った。テレビで何度も津波の映像は見ていたけれ

請戸小学校の黒板には被災者や被災地支援に入った人たちの言葉が

ど、現場に行ってその実状にじかにふれると、本当にたいへんな被害なんだなとあらためて思わされた。

新野　復興が進み始めた地域もあるけど、浪江町は放射線の影響で立ち入りがずっと規制されてきたから、まだ、ひっくり返ったままの車が放置されてたり、小学校の体育館の床も抜けてしまってたりとかね。私も衝撃を受けた。自分が住んでいる同じ社会に、こんなことになってる場所があるなんて、って思った。

浅原　小学校の二階の教室の黒板に、ボランティアで来た人たちや、あの学校を卒業した人たちの書き込みが残されていて、「がんばれ福島」とか、「もう一度」とか、前向きな言葉が並んでたでしょ。私は、それを見てすごく胸が痛くなった。震災の日以後も私は普通に自分の生活をしてきただけで、そんな自分がここにやってきている、そう思うと複雑な気持ち、痛い気持ちがして、これからは自分にできることをしていきたいと思った。

賠償だけでは解決しない問題

中村　学校といえば、県立高校の先生をしている大貫昭子さんに、小高工業高校のまわりを案内してもらった時のことが、私は印象に残っている。被災した時に大貫さんが勤めていたこの高校は、建物はきれいなまま残っているのに、放射能のせいで使えない。そのことを説明する時に、大貫さんは、とても悲しそうな顔をしていた。

　大貫さんは、放射線の影響を避けるために、遠くへ避難する生徒が多いのは仕方がないと言っていた。でも、そのために、被災地の高校にはあまり勉強しなくても入学できるようになるといった学力低下の問題が起こっているとか、それから、事故による賠償金をもらっている家庭の中には、親が働くことをあきらめて――収入があると賠償金が減らされるという問題もあって――朝からパチンコばかりしているとか、反対に子どもをかわいそうに思った親が、子どもに言われるままにブランド物を買い与えてしまったりとか、そうやって、子どもが育つ環境に複雑な変化が起こっていることに心を痛めていた。そういう影響は、もっと子どもたちが大きくなってから表れてくるんだと思うけど、いったいどうしたらいいんだろ……。

赤瀬　むずかしいよね。私もその問題は、もやもやしたままで。原発事故の被災で、仕事はなくなってしまうし、家も生活の場所もかえなければならなくなって。それは原発から放射性物質を飛び出させてしまった結果なんだから、損害を東京電力に賠償させるのは当然のことだと思う。でも、それだけでは解決しない社会の問題がたくさん起こっている。

加藤　大貫さんは、この地域で子どもを育てるのはすごく大変だっておっしゃってた。震災が起きたときに中学生くらいだった子なら、まだ事情もある程度わかるかも知れないけれど、もっと小さかった子どもには、どうして親が働いていないのか、それにもかかわらず生活に必要なお金があるというのはどういうことなのか、そもそもそういうことを不思議にも思えないかも知れないし……。

中村　放射能の影響を心配して、子どもが外で遊べないってことも言われていた。外で遊べないので、家の中でゲームしたり、ケータイで遊んだりってことになりがちで、それで視力や体力が低下したりもしてしまう。それはお金で解決できることじゃないよね。そういうことへのケアが、どういうふうに、どれくらいできているのか……。ちゃんとやっていかないといけないことだと思う。

納多　小学校から高校にかけてって、ある意味いちばん楽しい時期なのにね。勉強だって伸びる時期。スポーツもたくさんできる時期。そういう時期に外で遊べない、勉強の環境もよくないっていうのは悲しすぎる。私たちが関西で、すごく当たり前に与えられてきた環境が、被災地ではまるで当たり前じゃなかったんだな、今もそうじゃないんだなっていうことを、福島に行って、そこで暮らして、復興に向けて努力している人の話を聞いて、痛感させられた。

ちょっと別の話だけど、大貫さんが「原発の様子を知るためには空を見る」って言われていたことも、私にはすごく印象的だった。「東電や国の発表では本当のことはわからない。空にメディアが取材のために飛ばしたヘリコプターがいると、東電が何も発表してなくても、原発で何かが起きたっていうことがわかる」っていう話。「東電や国の言うことは信じられない」って言ってたけど、被災地で苦労してきた人だからこその言葉だと思った。

〔2〕 たくさんの人の思いにふれて

岩城　二〇二〇年に東京でオリンピックをするということが決められたとき、安倍首相や日本のオリンピック委員会の人が、原発事故や放射性物質の影響について、「福島は東京から二五〇キロ離れており、皆さんが想像する危険性は東京にはない」と説明していた。私はその発言に、被災地の人たちは怒ってるんじゃないかなと思ってた。福島で起こっている問題の解決を優先させるんじゃなく、それは横においてでも、オリンピックをやりたい、みたいな話だから。

で、浪江町の「希望の牧場」というところに行ってみると、被災して被曝《ひばく》した牛たちを殺処分しないでお世話している吉沢正巳さんは、やっぱりすごく怒ってた。でも、浪江町役場の蒲原さんは、オリンピックの開催が被災地の復興に悪い影響を与えることはないんじゃないか、反対に、オリンピックを準備することが福島の復興を急ぐことになってくれるんじゃないかと

言われていて――そうなってほしいという願いを込めて言われたところもあったと思うけど――、それは私には予想外の答えだった。同じ被災地でも、オリンピックについての考え方はいろいろなんだなあと。

石川　現場の状況を見て、そこに暮らす人たちの苦労や思いを理解しようとすることは大切だけど、同時に、同じ状況の中でも、何を思い、どんな言葉を発するかは、人によってさまざまだよね。そのそれぞれをどう受け止め、どう理解していくかということも、現場に学ぶということの大事なことがらだと思う。

赤瀬　吉沢さんは、牛が被曝してしまったから殺処分するように国から指示されているけど、それでも「牛飼いとしては牛を殺すわけにはいかない」って、飼育を続けていた。それから、被災地の実状がたくさんの人に知られていないということで、時々、東京まで出かけて、街頭で訴えたり、国や東電に抗議したりもしている。それはすごいことだなって思うんだけど、ただ、被曝した牛を飼育し続けることが正しいことなのかどうかは、私、あまりよくわからなかった。それによって何が変わるんだろうなとも思えて。

加納　私は、吉沢さんの話には、ちょっと怒られたような気分になった。短い時間に、いろんな状況を伝えようとしてくださったんだけど、その時初めて知ること、気づくことが多くて、私は、3・11後もそれまでと変わらない生活を送ってきた人間で、被災地の牧畜の事情もまったく知らず、吉沢さんの活動も、そこで初めて知ったので……。牧畜農家の人たちや動物たちがどんな状況にあるのか、どうしたらいいのかっていうことを、もう少し勉強してからお話が聞けたらよかったなと思った。自分が受け身になることしかできないのが悔しかったというか。

赤瀬　私とはちょっと受けとめ方が違うけど、よくわからなかったというのは一緒かな。

石川　じゃあ、その件は二人で、もうちょっと深めてみて。原発事故の被害は大きくて、とても複雑な問題を生み出しているから、誰にとっても理解が追いつかないところがあって、その結果、議論が分かれてくるのは当然だと思う。同じ体験をした人たちのあいだにもそういうことが起こっている。そうしたリアルな問題を知ることができたのも、実際に、福島に行ってみたからともいえそうだ。ほかに、旅行でお会いした人たちから感じたことはなかった？

気持ちが人を動かすこと

山下　さっき話に出たんですけど、漁業の復興に向けた漁師さんたちの思いの強さは印象的でした。シラス漁をしている漁師さんは、週二日だけの試験操業で、残る五日間は瓦礫の撤去

相馬市で農家の取り組みの話を伺う

作業などをしてるって言われてました。漁業で生活ができなくなったら、違う土地に移るとか、違う仕事に代わるということも考えられると思うんですけど、お話を聞いた漁師さんたちは、あくまで、相馬で漁を復活させることにこだわって努力していました。

新野　すごく熱く語ってくれたよね。圧倒されるくらい。

山下　困難な状況の中でも、気持ちが人を動かすってこういうことか、と思った。

新野　親の代から漁業を継いできて、「親父をかっこいいと思ったから漁師になったんだ」「子どもたちに自分もかっこいい漁師だと思える姿を見せてやりたいんだ」と言われていた。子どもたちの代にも漁師を継いでほしいから、海を守って、漁を続けたいとおっしゃっていた。

浅原　福島に行くまで、私は農業や漁業というか、食べ物のことが心配だったんだけど、泊まった旅館や民宿で、福島のお米や野菜、肉、魚をたくさん食べさせてもらって。「福島のお米、おいしいでしょう?」って話しかけてくれたおかあさんがいたけど、本当においしかった。そのおかあさんも漁師さんも、福島のことが大好きで、精いっぱいがんばってるんだなと感じたし、そういうことを、もっと多くの人に知ってほしいと思った。

加納　被災地に行ってみて、事前にいろいろ学んだ通り、被害がすごいなと思ったけど、漁師さんもそうだし、役場の方も、民間の方も、復興を進めようとがんばってる人たちがすごく多いと思った。最初、そういう人たちに会った時には、「すごいな」と思うだけだったけど、いろいろお話を聞いて、そういう人たちのベースに共通してあるのは、家族を大切にしたいとか、自分の仕事に誇りを持ってるとか、生まれた町が好きだとかいうことで、それは被災していない私たちもカラダの中に持ってる思いなんじゃないかと思えた。そういう必ずしも特別じゃない、普通の思いが力になって、被災してもがんばることができている。みんなすごく苦労して、努力されているのは確かだけれど、それは特別な「すごい人」だけがそうしてるんじゃないんだなと思った。

岩城　漁師さんたちは、漁協の人とか、県の水産課の人と力をあわせて、捕れた魚の放射線検査を、すごく地道にねばり強くやっている。毎日の暮らしが大変な中でそれをつづけてきたのはすごいことだと思う。そういう努力の積み重ねがあって、試験操業にこぎつけることもできたんだよね。私はそういう苦労を何も知らなかったけれど、そうやってがんばっている人がいるということは、日本中の人に知ってほしいと思う。それがそういう人たちを応援したいという気持ちにもつながるよね。

石川　実際にそういう苦労をされた人に会って話を聞くのと、「試験操業が始まりました」というニュースをテレビやネットで見るのとは全然違うよね。漁師らしい鍛えられたからだつきで、でもちょっと口べたで、たくさんの女子大生を前にちょっとシャイな様子も見せて、自分の子どもたちのことを話す時の楽しそうな表情とか、3・11当日に津波に向けて船を出したことをふりかえる時の緊迫した声とか、そういう具体的な姿をもった生身の人に直接に会うと、「自分と福島の人たち」というだけでない、「自分と目の前にいるこの人たち」という具体的な関係ができるものね。それが「この人たちのために何かできることはないかな」と問題をリアルに立てる出発点になる。それは出かけていってこそのことだと思うよね。

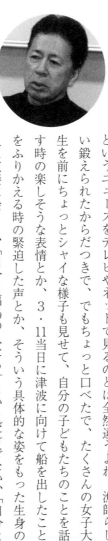

〔3〕「自分に関係ないこと」ではなくなった

石川　関西は福島から距離があるし、震災から、もう四年ということもあって、みんなが周りの人に福島の話をしても、かみあった話にならないこともあると思う。いま（二〇一五年二月末）は、日本中のすべての原発が止まっているけど、政府はできるだけ早く再稼働しようとしているし、原発をできるだけたくさん海外に輸出しようともしている。そういう動きがある中で、主権者である国民一人ひとりが、ちゃんと自分の意見をもって、それを表明しないといけないと思う。さて、そこで原発の問題は、みんなにとってはどういう問題だろう。みんなが学んで感じたこと、考えたことを話してもらえるかな。

原発は日本中にあるから

加藤　福島県は自分の住んでる場所からは遠いし、私も、以前は事故のニュースにあまり関心をもっていませんでした。今、福島に行った時の話を家やバイト先ですると、みんな「どんなんやった？」って聞いてくれるけど、「どうだったと思う？」って逆に私がたずねると、返ってくる答えは、ゼミで学ぶ前の私の感想とだいたい同じ。「放射線でまだまだ危ないんじゃないの？」っていう反応が多いです。

私は、被災者の方たちの生活や思いにふれた後は、そのインパクトが強いので、自然に関心も強くなったし、同じ日本に住んでるという意味で、自分の問題なんやな、関係ないと思ってたらあかんなと思うようになりました。

中村　私も向こうに行ってみて、福島で被災した人、福島に住んでいる人、避難している人たちの気持ちを、それぞれ真剣に考えることができるようになったように思う。

岩城　被災された方が、復興や生活の建て直しのために前向きにがんばってる事実を私はあまり知らなかったので、そういう姿を知って「応援したいな」という気持ちが生まれました。被災地への向き合い方が、自分の中で少し変わった気がする。

山下　同じ日本にいるのに、私たちは関西に住んでいて、被災者の方は東北地方、福島県に、特に放射線被害が大きいところに住んでいたというだけの違いで、こんなにも生活環境が違ってしまうのかということをあらためて実感しました。自分が今こうして友達とゼミで学ぶことができるのも、日常を不自由なく過ごすことができるというのも、幸せなことなんだな、感謝

川内村の仮置き場で線量を計る

しなくちゃなと思った。「この幸せが決して当たり前のことじゃないんだ」と気づきました。

新野　日本中に原発があるし、日本では地震がどこでも起こるから、原発の問題は日本に住んでいる限り、誰にとっても無関係じゃありえないよね。

山下　自然の災害や原発事故がいつどこで起きるかわからないっていうのはそのとおりだね。あと、被災された人たちが、厳しい状況の中でも、まわりの人を思いやって、助け合いながら生きているというのを見聞きして、自分もそういう気持ちを忘れちゃいけないと思った。私たちの毎日の暮らしも、実は、たくさんの人の力や助けの上に成り立っているんだよね。日常の土台にあるそういう「人と人のつながり」、原発のある地域の人も含めた「人と人のつながり」に目を向けなくちゃいけないなとも感じた。

もし自分が被災したら同じように

浅原　事故であんなに苦しんで、その上に復興のためにあんなに苦労している人たちに接すると、やっぱり原発は放っておいたらあかんなという気持ちになった。原発の恐ろしさをあまりよく知らずに、何となく「大丈夫やろ」って思ってた「以前の自分」のような人がいるなら、そういう人には原発のしくみとか、事故が起こるとどんなことになるのかとか、原発に反対する人たちの気持ちとかを知ってほしいと思う。

加納　ゼミで三年の四月から夏にかけて、原爆とか原発とか放射能とか、知識を詰め込んでいった時期があったよね。その時、私は「原発って怖いな」と思いながら学んでいたんだけど、今思えば、その時は、原発や原爆を、ゼミで取り上げる勉強のテーマとだけとらえていたように思う。

でも、広島もそうだけど、福島に実際に行ってみると、そこに生きて、苦労しているのは、自分と同じような普通の人たちで、その人たちのがんばりの根っこには自分にもあるようなごく普通の思いがある。それを考えると、「ああ、自分と同じ普通の人たちの人生が、原発事故で大変なことになってしまったんだ」とも感じたし、もし自分が被災したら、あの人たちと同じように生きていくんだろうなと思えた。私たちはみんな被災者になりうるわけで、そうなった時の自分の姿を被災地で見せてもらった気がした。私はそれをたくさんの人に感じてほしいし、自分はそう感じたことで、ゼミで学んでいることが、研究のテーマでもあるけれど、それだけでなく自分の問題にもなった気がする。

新野　私、さっき、福島に行って被災の実状を見て衝撃を受けたって言ったけど、浪江町をあちこち案内してもらってから、最後に役場にもどって、みんなで一人ずつ感想を言いあったでしょ。その時、やっぱり「衝撃を受けた」って言ったら、案内してくれた役場の小林さんに、「衝撃を受けたとか、かわいそうとか、そういう他人事みたいな感じで終わるんじゃなくて、ここで見聞きしたものを自分の立場に置き換えて、それを皆さん自身の暮らしや防災に生かしてほしいんです。これはみなさんにも起こりうることなんです」って言ってもらった。それはすごく胸に響いてる。

赤瀬　神戸や大阪からいちばん近い原発は福井県にあって、近いんだけどすぐ目の前っていうわけじゃないから、正直なところ、あまりピンと来てない人は多いと思う。

中村　目と鼻の先に発電所が見えるというわけじゃないからね。

赤瀬　うん、そう。最初、私もピンときてなかったし、自分の中では、原発の問題はそれが建っている地域や県だけの問題だと思ってた。

だけど、勉強してみると、原発が日本中につくられたのは国や社会全体の方向によるもので、原発立地県だけの問題じゃないって思った。立地地域やその周辺の人たちだけの問題じゃなく、それには、国民みんながかかわっていた。それに、福島でも、広島でも、放射性物質の危険性を実感したけれど、原発事故が起きたら、放射能汚染はその地域や県だけの問題なんかじゃまったくないしね。福井の原発で大きな事故が起きたら、京都、大阪、神戸といった大都市にも放射性物質が降る可能性があるし、琵琶湖の水、若狭湾や日本海の魚が汚染されれば、食べるもの、飲むものへの影響も相当あるやろうし。

私、こんなに学ぶ前は「自分には関係ない」と思ってたところがあるから、そうじゃないんだってことを、今はたくさんの人に知ってほしいと思う。政府は原発推進の立場やから、それに賛成する人には、原発事故のリスクの大きさ、事故が起きた時の被害の深刻さとかをリアルに知って、よく考えてほしいと思う。

怖いと思ったのは「知らないこと」の方だった

納多　事故が起こるまで、私も原発については特に知識もなかったし、原発で電気がつくられてたわけだから、むしろそれは必要なものだと思ってた。このゼミで学ぶようになって初めて、原発がどういうしくみのものかを知って、それから福島の被災地を数日だけだけどまわってみて、見た目にはきれいな町に放射線の影響で帰ることができないとか、復興の手がつけられないとか、そういう現実を目の当たりにして、恐ろしさをすごく感じた。私たちと同じ世代の人にも、現場を見たことのない人が多く、そういう恐ろしさを知らない人が多い。その人たちがそのまま大人になっていくって、実は、この国にとって大変なことなんじゃないかなと思った。

鳥井　私は実家が秋田県で、震災の時には東北に住んでいた。冬に暖かく、夏に涼しく過ごせるのは電気のおかげだし、原発事故があって福島の人はたいへんだなと思ったけれど、そのあと大学で関西に来たこともあって、正直、あまり突き詰めて考えてはいなかった。

でもゼミを選ぶときに、原発問題をテーマにするこのゼミで勉強してみたいと思ったのは、何かが自分の中にひっかかっていたからだと思う。原発の構造や、事故の経過や実態を一から勉強して、やっと知ることができたという気がしたし、原爆の被害とも関わる被曝のことなんかもわかって、「ああ怖いな」と本当に思った。そして、それ以上に「怖いな」と後で思ったのは「知らないこと」の方だった。

松沢　自分たちの使う電力の一部が原発でつくられているということ自体を、おかしな話なんだけど、そもそも実感してなかった。原発を身近なものとして感じていなかったんだと思う。

でも、ゼミで、今原発が日本にあることに、アメリカと日本の特別な関係があったとか、その前にはアメリカの原爆開発や原爆を各地に持ち込みたいという政策があったというのを学んで、すごく驚いた。そういうことは、学ばないとわからないことで、そういうことを知ったら、みんな問題に関心を持つようになる気がする。

鳥井　うん、知ったら「関係ない」とは思わないと思う。選挙でも投票率が低いとか、有権者の無関心なんて言われてるけど、それも大事なことを「知らない」「知らされていない」からなのかも知れない。

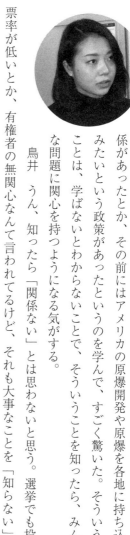

〔4〕核兵器による被爆・被曝も終わっていない

石川　福島に行く前に、広島にも一泊で行ったよね。今年のゼミは原発と核兵器の関係に焦点をあてているから。実際に、原爆という核兵器の被害を受けた街に行って、それを体験せざるを得なかった人の話を聞いたり、資料館を見学したり、核兵器をなくす取り組みについての話を聞いたり、たくさんの慰霊碑を見たり、いろんな角度から原爆がどんなものなのかを学んだよね。その中では何が印象に残っているかな。

小学生のころ見た時との違い

加藤　被爆者である大越和郎さんの話が衝撃的でした。私は被爆の経験をご本人から聞くのは初めてで、被爆後しばらく元気そうに見えていたおばあさんが急に亡くなったとか、すごい風圧で腸がお腹から飛び出してしまった人がいたとか、すさまじいことがあったんだなと、本当に驚かされました。

山下　平和記念資料館には原爆投下直後の写真がたくさん展示されていましたが、犠牲者の様子がリアルすぎて、正直、見ることのできないものもありました。逃げちゃいけないと思って、がんばって見るようにしてたんですけど、どうしても目を背けてしまいたくなるものもあって。

赤瀬　被爆直後を再現した蠟《ろう》人形も生々しかった。当時のことをいろいろと想像させる展示で、見るのがつらかったのは私も同じ。

石川　指先や腕、顔の皮膚が垂れ下がっているような人形もあったね。大越さんが説明してくれたけど、瞬間的に高熱にさらされて、体の表面に近いところの水分が蒸発し、皮膚がはが

平和記念資料館で原爆投下についての説明を聞く

れてしまった様子だった。資料館を案内してくれた二見伸吾さんによると、ああいった展示は怖すぎて、子どもの見学に向かないといった意見もあるらしい。

見るのが怖くなるような現実がつくられたのは事実なんだけど、それをどこまで再現するかは、いろんな戦争資料館で問題になることだ。東京の「しょうけい館」という資料館には、戦時中の野戦病院のジオラマがあって、戦場で大けがをして横たわる瀕死《ひんし》の兵士や、麻酔なしで腕の手術を受けている兵士の苦しみなどが、蠟人形でリアルに再現されている。でも、実際にそういう現場を体験した元兵士からは「こんなものではない」「ものすごい臭いがするんだ」という指摘もあったらしい。火薬が破裂する硫黄の臭い、飛び散った血や人間の傷口や亡くなった人が腐っていく臭い、そういうものが野戦病院には充満していたと。でも、そこまで再現してしまうと、誰も見学に来なくなってしまうという指摘もあって、そのあたりのバランスがとても難しい。直視できないほどの惨状を、リアルに伝えようとする時のジレンマだよね。

山下　小学生のころ、長崎の原爆資料館に行ったことがありました。あの時は、「ああ、こういうことがあったんだ」という程度の受けとめでした。でも、今回は、ゼミで放射線のことを勉強して、原爆の被害についても、そういう角度から学ぼうと思っていたので、被爆された方の話には、あらためていろいろ考えさせられました。原爆による被害を「ヒバク」というけれど、原爆は熱線と爆風だけでなく放射線でも人を傷つけるから、原爆の「被爆」には放射線を浴びる「被曝」もふくまれているという話が印象的でした。

七〇年も前の出来事だから、広島の街の中で、当時のことを思わせるものは、原爆ドームや資料館くらいですが、原爆ドームのまわりは、そこだけ時間が止まっているように見えましたね。

終わっていない問題

中村　私も小学生の時に、広島の原爆ドームに行ってるんですが、何の知識もないまま、ただ連れられて行ったというだけでした。でも、今回は、いろいろ感じるものがあった。七〇年経った今でも放射線の影響で体調が悪いという人、苦しんでいる人がいるっていうことを思えば、広島や長崎の原爆投下というのも、終わった問題ではなく、今の問題なんだと思いました。

赤瀬　うん、終わったことじゃないと私も思う。核兵器はヒロシマ・ナガサキのあとも世界で驚くほどたくさんつくられてきて、それがまた使われることもないとはいえない。

被爆も、昔のことだと思う人が多いと思うけど、今でも被爆者手帳を持ってる人が二〇万人近くもいる。それだけたくさんの人が苦しんでいる。その他に、放射線の影響で健康被害を受けたとみられるのに原爆症認定されていない人もたくさんいて、そのことをめぐる裁判も行われている。だから、これは終わったことなんかじゃない。

松沢　七〇年経った今も被爆者を苦しめている放射能が、福島第一原発の事故でたいへんな被害を生んでいる。広島へ行って、福島へ行って、あらためてそこがつながった。それぞれの被曝量とか、放射線の影響のしかたについてはリアルに見る必要があるけど、でも一度の事故であんなにたくさんの放射性物質をまき散らす原発は、やっぱりすごく危険なものだと思う。

赤瀬　原発も原爆も同じように核のエネルギーを利用していて、そこから出る放射性物質が人の手に負えない危険なものだっていうのは共通している。だけど、核兵器は悪者だけど、原発は「原子力エネルギーの平和利用」とかいって、なんだか「いいもの」というイメージがつくられてきた。福島第一原発の事故でわかったのは、それが事実にもとづかない「神話」だっ

座談会後の記念の１枚

たってことだよね。

鳥井　原爆の放射能の被害ってこんなに長く続くのかって思った。あと、現代の核兵器をつくる材料は主にプルトニウムで、それは軍事用の専用炉でつくる場合もあるけれど、原発の使用済み核燃料からも抽出できるというところも大切だと思った。実際、日本にはプルトニウムがたくさんあって、その意味では、日本には、その気になれば核兵器をつくる材料がたくさんあって、そのうえ原発を使ってきたことで核分裂反応をコントロールする技術もあるわけだよね。原発にはそういう軍事関係の危険性もあって、政府がそのつながりを重視する立場から、原発を手放そうとしないっていうのも大きな問題なんじゃないかな。今すぐ日本が原爆をつくるということはないかもしれないけれど、そういう能力を保持するっていう方針をもっていることが、国のあり方としてどうなの、と。

石川　なるほど、いろんなことを考えているのがよくわかった。今日は、福島で見てきたこと、聞いてきたことの振り返りから始まって、原爆と原発の関係まで、いろんな意見や感想を出してもらった。それぞれの問題意識や思いは、この本の原稿執筆にしっかり生かしてほしいと思う。みんなが同世代の友人や、家族や、周りの人に伝えたいことを、わかりやすく書いてほしい。就職活動の時期にかさなるから大変だけど、期待してるよ。

座談会出席者＝赤瀬安奈、浅原綾乃、石川康宏、岩城章子、加藤奈々、加納愛、納多葵、鳥井杏弥、中村真里七、新野有加、松沢実里、山下愛加。

おわりに

最後までお読みいただき、ありがとうございました。

二〇一二年の四月、ゼミのテーマを「慰安婦」問題から「原発・エネルギー問題」に大きく転換しました。この本は「原発・エネルギー問題」に取り組んだ三期目のゼミ生との学びの成果です。

一期目は、放射能と放射線は何が違うかといった基本問題からのスタートでした。二期目には原発事故で避難を余儀なくされた福島県の浪江町を初めて訪れ、三期目のこの学年は、広島と福島を訪れながら「原発と原爆」をあわせて考えました。

火曜の午後一時二〇分から六時前後までの長時間のゼミとはいえ、この二つの問題への理解を短期間に深めていくのは大変でした。学生たちは就職活動に苦労しつつ、それぞれに努力を重ねた上で、最後は前向きに倒れて（？）いってくれました。

この本の第1章と第2章は、そうした学生たちによる下書きを、編集者と相談しながらぼくが仕上げたものとなっています。第3章には、ゼミで十分こなせなかったところもふくめて、原発と原爆の関係を簡単にまとめてみました。第4章は、にぎやかな座談会当日の様子をぐっと圧縮・整理したものです。

この本のセールスポイントの一つは、二〇一四年夏の福島を自分の目で見た学生たちの素直な感想がふくまれているということです。あの原発事故から四年半になりますが、その間に、被災地には様々な変化がありました。原発事故や復興に関心をもっていても、そうした変化を追いかけることができている方は、そう多くないのではないでしょうか。そこに焦点を当てた本も、あまり目にすることがありません。

編集は、今回も角田真己さんにお世話になりました。最後は、同じ時期に二冊の本（本書と『社会のしくみのかじり方』）を仕上げる厳しい日程となりましたが、二人三脚でなんとか歩き通させてもらいました。

大学では四期目のゼミが、すでに福島訪問の準備に入っています。また福島の新しい変化に出会えるものと思っています。

石川康宏

神戸女学院大学石川康宏ゼミナール

石川康宏（いしかわ・やすひろ）
1957年北海道生まれ。神戸女学院大学教授（経済学）京都大学大学院経済学研究科後期博士課程単位取得退学。
主な著書
『社会のしくみのかじり方』（新日本出版社、2015年）
『「おこぼれ経済」という神話』（新日本出版社、2014年）
『「古典教室」全3巻を語る』（共著、新日本出版社、2014年）
『女子大生 原発被災地ふくしまを行く』（共編著、かもがわ出版、2014年）
『女子大生のゲンパツ勉強会』（共著、新日本出版社、2014年）
『マルクスのかじり方』（新日本出版社、2011年）
『若者よ、マルクスを読もうⅠ・Ⅱ』（共著、かもがわ出版、2010年、2014年）
『輝いてはたらきたいアナタへ』（共編著、冬弓舎、2009年）

21歳《さい》が見《み》たフクシマとヒロシマ

2015年8月10日 初版

著者 神戸女学院大学石川康宏ゼミナール
発行者 田所 稔

郵便番号 151-0051 東京都渋谷区千駄ヶ谷4-25-6
発行所 株式会社 新日本出版社
電話 03（3423）8402（営業）
03（3423）9323（編集）
info@shinnihon-net.co.jp
www.shinnihon-net.co.jp
振替番号 00130-0-13681

印刷 亨有堂印刷所 製本 光陽メディア

落丁・乱丁がありましたらおとりかえいたします。

ISBN978-4-406-05927-5 C0036 Printed in Japan